炼化企业安全生产操作小贴士

中国石油化工股份有限公司上海高桥分公司 编

中国石化出版社
HTTP://WWW.SINOPEC-PRESS.COM

内 容 提 要

本书按安全用品和工具使用类、公共基础类、设备操作类、工艺操作类、取样操作类、分析实验类6个大类，介绍了炼化企业安全生产操作的269个小贴士，采用图文并茂的形式把职工在安全生产操作过程中的一些小经验、小窍门直观地呈现在读者面前。本书对从事炼化行业的生产技术管理人员、操作人员有很强的指导意义和实用价值，能让读者简单、高效地获得安全生产操作的经验和技巧，从而不断提高自己的安全意识与防范能力，提高工作效率。本书既可作为各相关企业的培训教材，也可作为高等院校安全专业及相关专业的教学参考资料。

图书在版编目(CIP)数据

炼化企业安全生产操作小贴士 / 中国石油化工股份有限公司上海高桥分公司编. —北京：中国石化出版社，2015.9
ISBN 978-7-5114-3597-2

Ⅰ.①炼… Ⅱ.①中… Ⅲ.①炼油厂-工业企业管理-安全生产-生产管理 Ⅳ.①F407.22

中国版本图书馆 CIP 数据核字(2015)第 218309 号

中国石化出版社出版发行

地址：北京市东城区安定门外大街 58 号
邮编：100011 电话：(010)84271850
读者服务部电话：(010)84289974
http://www.sinopec-press.com
E-mail：press@sinopec.com
北京柏力行彩印有限公司印刷
全国各地新华书店经销

*

710×1000 毫米 16 开本 13 印张 241 千字
2016 年 1 月第 1 版 2016 年 1 月第 1 次印刷
定价：80.00 元

(如出现印装质量问题，请与我社读者服务部联系调换)

《炼化企业安全生产操作小贴士》
编　委　会

主　　编　侯晓明

副 主 编　曹文磊　杨　骅

编写人员　侯晓明　曹文磊　杨　骅　蔡　军　张克坚
张　华　顾卫峰　陈震华　袁宜成　徐振敏
杨建国　孙嫣雯　王君平　陈　玉

前言 Preface

"小贴士"源自英语谐音"small tips"，大意为"小知识"或者"补充说明"，也可转意为"小的提示、帮助、建议、窍门"。在炼油和化工企业的日常生产操作过程中，就有很多这类经验型的"小贴士"。这些"小贴士"是职工从实践中长期摸索总结得来的，有些已经形成了明文规范，还有些却依然是"隐性"的知识，往往是通过员工之间的"传、帮、带"进行传授，因此具有零星、分散、易流失的缺点。为了能够把"隐性"知识"显性化"，特别是把一些尚未或是无法写入法规性文件的操作经验"显性"出来、"共享"出去、"流传"开来、"传承"下去，我们特地编写了《炼化企业安全生产操作小贴士》，把职工在安全生产操作过程中的一些小经验、小窍门，用简单、实用、有效的形式呈现出来，对炼化企业日常操作过程起到提示、帮助和建议的作用。

在编写小贴士时，编者既不是对操作过程进行图解，也不是对操作步骤进行细化，而是着重突出了小贴士的"提醒"作用，提醒在操作过程中可能疏忽的地方，提醒在操作过程中需要自我保护的地方，从而避免在操作过程中发生可能的次生事件。在筛选小贴士素材的过程中，除了一些职工应该掌握的技巧外，剔除了有争论的、个性化的题目，保留了普及率高、通用性强的题目，适合在所有炼油和化工企业中进行推广。

需要注意的是，《炼化企业安全生产操作小贴士》只是经验性交流资料，不能作为操作的法规依据，只有装置工艺技术规程、岗位操作法、事故应急处理预案、工艺卡片等必须被严格遵守和执行的法规性文件，才是炼化企业生产操作的合法文件。

本书以实际在炼化企业容易发生事故的操作过程或操作行为等进行提示、提醒，以起到避免事故发生的目的，尤其对炼化企业的技能操作人员的相关操作技能型安全培训起到良好的作用，可以作为培训的教材。

本书由中国石油化工股份有限公司上海高桥分公司负责编著。本书编写的组织协调工作，由上海高桥分公司侯晓明同志负责，并对全书进行了分类及最后的串接、修编和终稿审定，侯晓明、曹文磊、杨骅同志是本书的主要编写人员。在编写过程中，得到上海高桥分公司技术质量处张克坚和培训中心蔡军的大力支持，基层一线的工艺技术人员、技能操作师和教育培训师张华、顾卫峰、陈震华、袁宜成、徐振敏、杨建国、孙嫬雯、王君平、陈玉等提供了基础资料。

在此，我们谨向参与本书编写的工作人员表示衷心感谢！并向配合现场拍照、提供直观图片的相关人员致以崇高的敬意！谨向对本书出版给予大力支持的中国石化出版社表示衷心感谢！

目 录
Contents

安全用品和工具使用类

公共基础类

设备操作类

工艺操作类

取样操作类

分析实验类

安全用品和工具使用类

1. 安全帽的正确佩戴要求

1. 佩戴前检查外观。若帽壳与帽衬有异常损伤或裂痕，或帽衬与帽壳内顶之间水平垂直间距达不到标准要求的，不能继续使用，应更换新的安全帽。

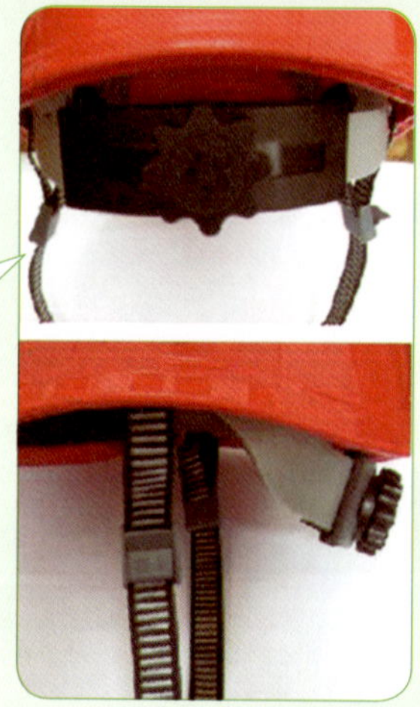

2. 将内衬圆周大小调节合适状态，不能太松或太紧，调节到对头部稍有约束感，但不难受的程度，以低头时安全帽不会脱落为宜。

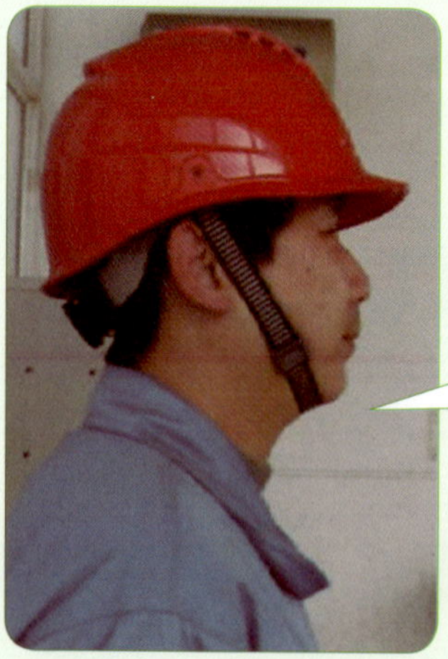

3. 安全帽要戴正，系好下颌带，下颌带应紧贴下颌，松紧以下颌有约束感，但不难受为宜。

2. 规范着装

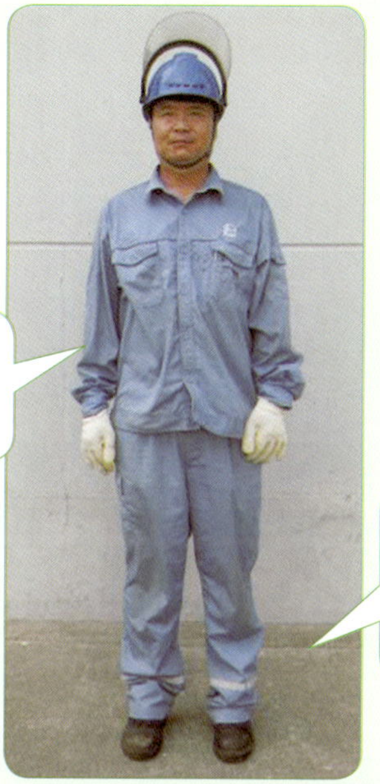

1. 上衣不能敞开。
2. 袖口要上扣。

3. 裤管不能卷。
4. 工作鞋应系紧鞋带。
5. 不能拖鞋跟。

3. 帆布手套使用的注意要点

1. 手套完好。手套上无小孔或破损、磨损的地方。
2. 随身携带帆布手套建议用专用挂钩和密闭塑料袋包裹。
3. 严禁用帆布手套进行油品采样作业，防止间接污染和伤害。

4. 表面有油污的手套，严禁直接放入口袋内。
5. 湿的帆布手套严禁在高温设备上烘干。

4. 浸塑手套使用的注意要点

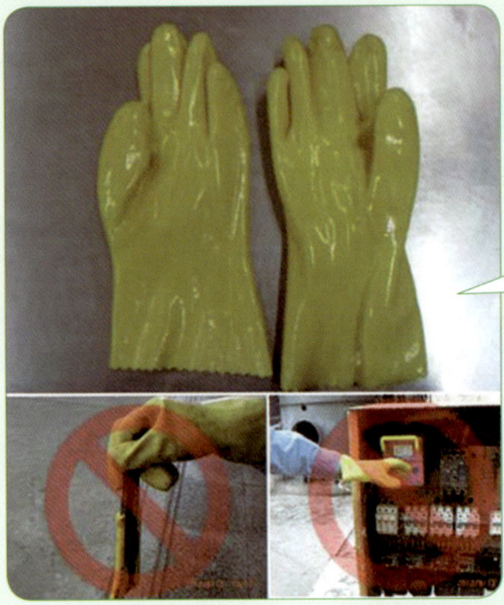

1. 使用前检查手套有无破损，避免意外伤害手部。
2. 不能在有机溶剂下使用。
3. 不能碰及锋利品以防戳破，不能高温火烤以防老化。
4. 不能作绝缘手套。

5. 耳塞的正确使用

1. 搓细：将耳塞搓成长条状，搓得越细越容易配戴。
2. 塞入：拉起上耳角，将耳塞的三分之二塞入耳道中。
3. 按住：按住耳塞约20s，直至耳塞膨胀并堵住耳道。
4. 拉出：用完后取出耳塞时，将耳塞轻轻地旋转拉出。
5. 噪声>80dB的作业场所或长时间处于低噪声区域，必须使用耳塞。
6. 缺乏弹性的耳塞不能用。
7. 浸过水的耳塞不能用。

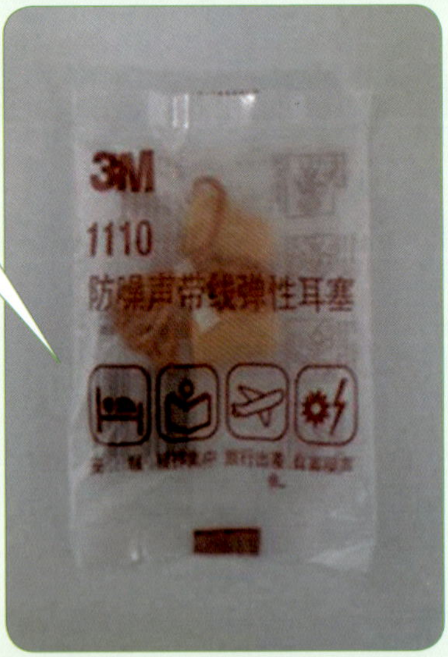

6. 活络扳手的使用技巧

1. 可以利用F扳手卡住活络扳手，增加力矩。

2. 拆装操作比较费力时，可利用合适的管线作为活络扳手的支撑点，完成拆装作业。如：一活络扳手靠住管线，双手可集中发力于另一活络扳手，轻松完成作业。

7. F型阀门扳手的使用技巧

1. 选用大小合适的F扳手。
2. 人要站稳，F扳手要握紧，用力要到位。

3. 用F扳手开小阀门时，可用F扳手齿内侧卡住小阀门阀盘盘耳，实现开关阀门作业。

4. 遇到阀门较紧时，可在阀门扳手柄上套上长钢管，利用杠杆原理，增加力矩，实现较紧阀门的开关作业。

5. 开关高处阀门时，不要站在扳手运行轨迹内，防止扳手滑脱伤人。

8. 测温仪的使用要点

1. 测量较细管线时，测温仪要与管线平行，不能交叉，防止偏离目标。测量有效角度≯15°（最精确测量角度为≯5°）

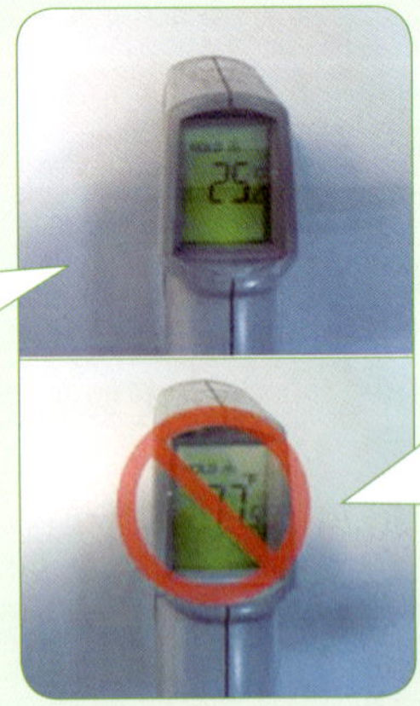

2. 当使用测温仪发现温度偏高时，请先认清测温仪的测量单位。如果是℉（华氏温度）必须改成℃（摄氏温度）。
3. 不能应用于光亮的或抛光的金属表面的测温；不能透过玻璃、隔着烟或雾进行测温。

9. 测振仪的使用要点

1. 选择好屏幕上相应的单位。
2. 测振仪上的圆形探头不能松动或缺失。

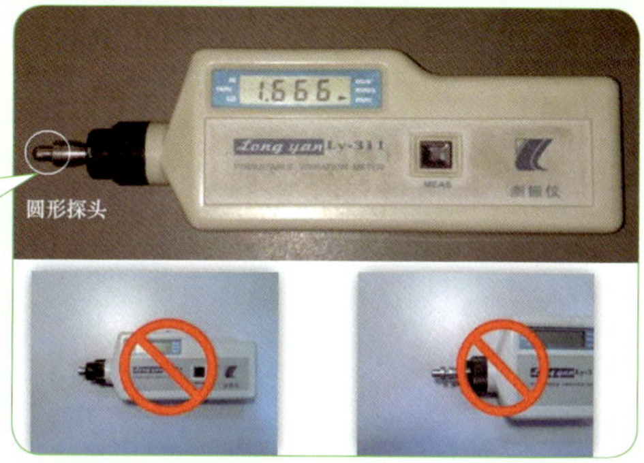

3. 径向水平振动测量示范。

4. 径向垂直振动测量示范。

5. 轴向振动测量示范。

10. 测爆仪使用的注意事项

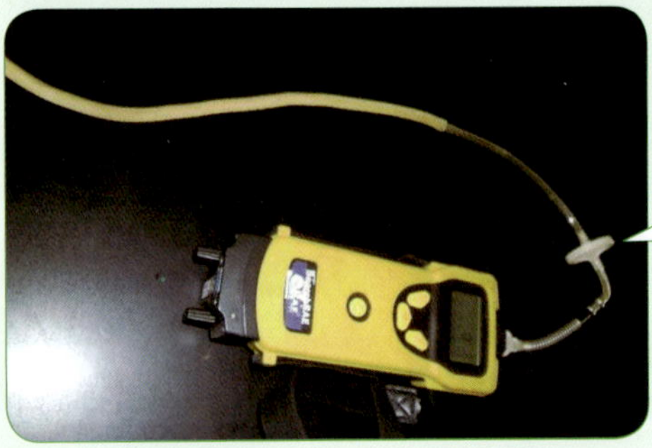

1. 测爆仪与乳胶管间加一段透明管。

2. 测爆点有水时不能进行测爆。

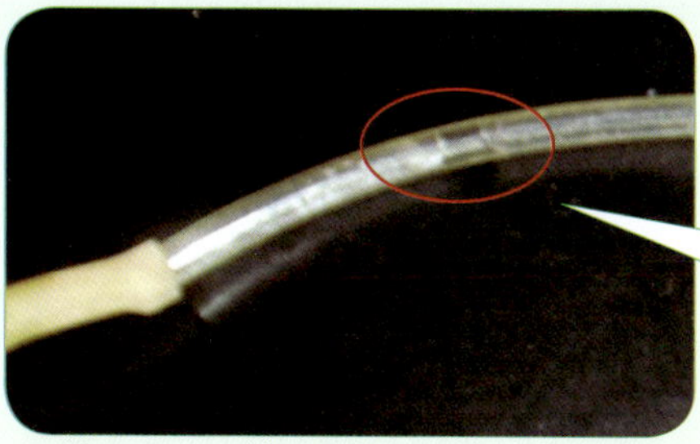

3. 透明管内有水珠立即关闭测爆仪，以防仪器损坏。

11. 便携式 H_2S 报警仪的使用要点

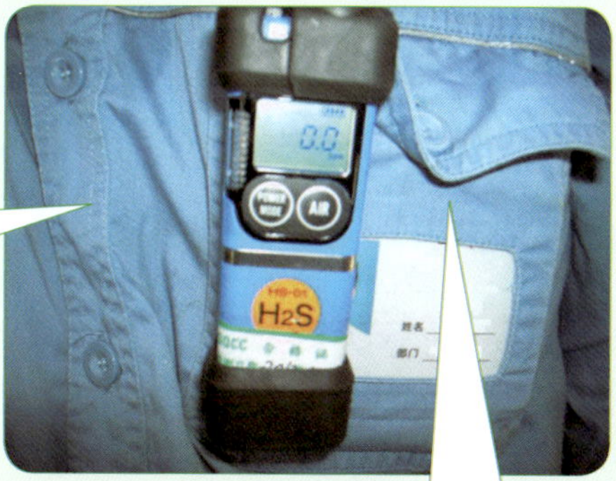

1. 进入 H_2S 区域保持开机状态。
2. 必须用卡口卡在工作衣上衣口袋上。
3. 感觉到声光振动报警时必须立即往上风向撤离。

12. 巡更仪的使用要点

1. 使用巡更仪前，检查电池是否有电，当红灯闪烁且微振，说明电量不足。
2. 使用时，待巡更仪蓝灯闪烁且震动，说明读取ID钮成功。

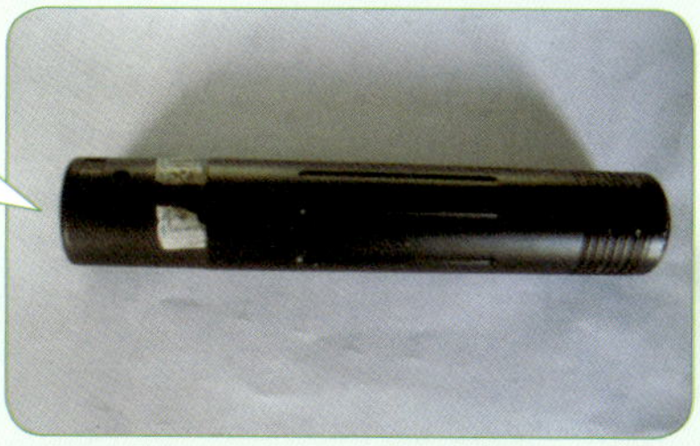

13. 五点双钩缓冲式安全带的使用要点

1. 离地面2m以上作业必须系好安全带，安全带严禁擅自接长使用。
2. 使用安全带前，应先检查各个部件有无破损、变质或断裂，不合格则严禁使用。

3. 围杆带系挂的位置应比腰带高或与腰带平行，即高挂低用，不能比腰带低，以防人体坠落时，由于冲击力过大而损伤腰椎。
4. 安全带使用时不可接触高温、明火、强酸、强碱或尖锐物体。

5. 不准将保险绳打结使用，不准将钩直接挂在不牢固物体上或安全绳上，应挂在连接环上使用。

14. 救生衣的正确穿戴要求

1. 水上作业、码头警戒区域必须穿戴救生衣。

2. 正确穿戴：检查救生衣是否无破损，两侧的边带、浮力带是否牢固并无缺损、是否在有效期内。系好两侧边带。将腰间浮力带束于腰间，穿过腰间的带环，扎紧打一救生衣结。系好下边的浮力带、扎紧打结。系好领口的带子。

15. 二氧化碳灭火器的使用要点

1. 适用于扑灭精密仪器、电子设备以及600V以下的电器初起火灾。
2. 由于喷射距离近（一般2～3m），灭火时，尽量接近火源，动作要迅速。
3. 保险销拔掉后，喷管口禁止对人，以防伤害。
4. 不要用手直接握金属管及桶体，防止冻伤。
5. 在室内使用灭火器后，应打开门窗通风，防止人员窒息。

16. 干粉灭火器的使用要点

1. 适用于易燃、可燃液体、气体及带电设备的初起火灾。
2. 手提干粉灭火器必须竖立使用。
3. 保险销拔掉后，喷管口禁止对人，以防伤害。
4. 不要冲击液面，以防液体溅出，造成灭火困难。
5. 灭火时，操作者必须处于上风向操作。

17. 推车式干粉灭火器的使用要点

1. 适用于扑救易燃液体、可燃气体和电器设备的初起火灾。
2. 推车式灭火器必须两人协同操作使用。

3. 软管展开，不得有弯折现象。
4. 喷枪口严禁对人，以防止意外伤害。
5. 灭火时，操作者必须处于上风向操作。

18. 室内消火栓的使用要点

1. 消火栓、水带、水枪，连接时将内口对接好转动到位，防止充水后水带转动使接口脱开。
2. 铺设水带时应避免骤然曲折、扭转，防止降低耐水压的能力。
3. 充水后应避免在地面上强行拖拉，需要改变位置的要尽量抬起移动。
4. 装置消火栓水源为稳高压消防水，压力0.7～0.85MPa，使用时必须二人协同抱住消防水枪，开水时应先小后大，防止水枪充水过快，压力激增产生后坐压力，而危及人员安全。

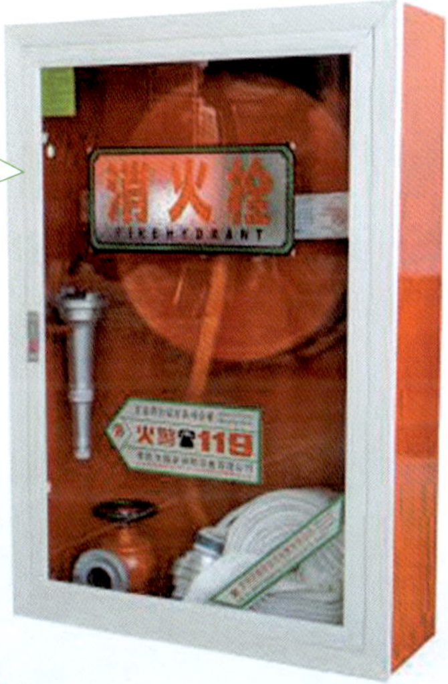

19. 消防水炮的使用要点

1. 调整消防水炮方向及喷射角度。
2. 打开蝶阀保险，开启蝶阀。

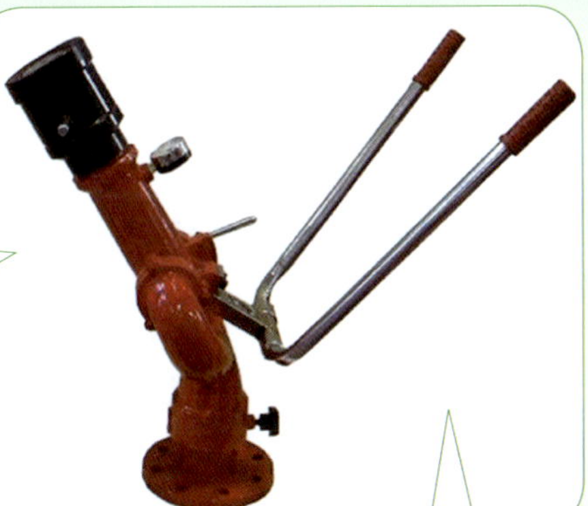

3. 水炮不能扑救带电设备的火灾，以免触电。
4. 喷射时应注意水炮口前不能站人。

20. 正压式空气呼吸器的使用要点

1. 使用前对空气呼吸器进行检查。
2. 供气阀正常操作时，不能打开红色冲泄阀。
3. 使用过程中要轻拿轻放，严禁撞击与碰撞。

4. 使用过程中，报警器发出报警信号时，应及时撤离现场。
5. 在毒区严禁摘下面罩。

21. 过滤式防毒面具的使用要点

1. 防毒面具在有毒有害环境下使用，不得随意拆卸。
2. 使用面具时，由下巴处向上佩戴,再适当调整头带，面罩与面部紧贴不产生漏气，方可进入危险涉毒区域工作。
3. 滤毒盒吸湿后会降低防毒能力，注意防止进水。
4. 面具应储存在阴凉干燥的地方，不得接触有机溶剂。

22. 应急洗眼喷淋器的使用要点

1. 开启应急洗眼喷淋器水源阀门。
2. 开启洗眼水阀进行眼部冲洗。
3. 开启喷淋水阀进行喷淋冲洗。
4. 应急洗眼喷淋器必须经常冲洗，保持清洁。

23. DCS 操作的注意要点

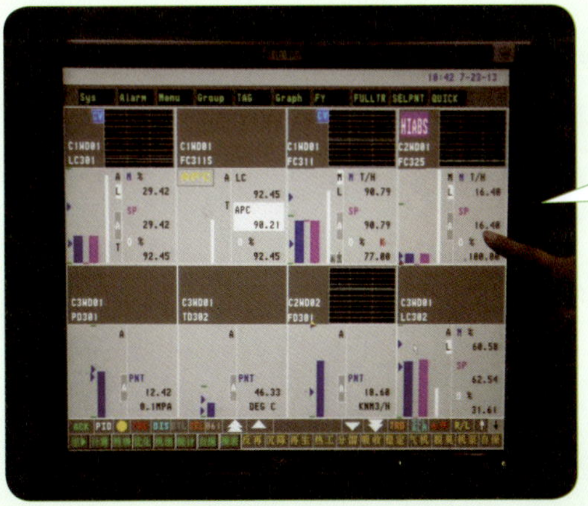

要防止误操作。操作完毕后，关闭调节回路，鼠标移至空白区域。

公共基础类

24. 长发女职工现场操作的注意要点

1. 严禁头发披露在外。

2. 应把头发盘好。
3. 戴安全帽时，长发不应在安全帽外。

25. 判断上风口的技巧

1. 看风向标。
2. 用纸屑、蒸汽、烟囱烟气等判断。

26. 装置内行走的注意要点

1. 注意管线、平台，勿碰头。

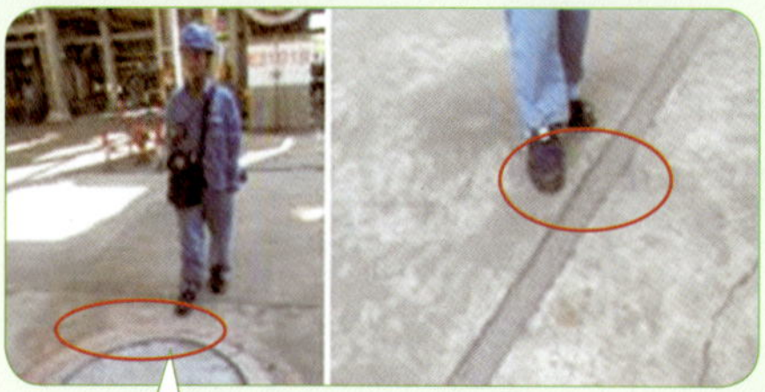

2. 注意地面高低，阴井、沟等凹凸。

3. 注意上下前后左右，防止被设备碰伤或被高温管线烫伤。

27. 上下扶梯的注意要点

1. 背包斜跨，腰带要系牢。
2. 检查鞋底防滑很重要。
3. 带好手套，扶手要抓紧。
4. 观察踏板前方不疏忽。

5. 严禁把手插在工作裤口袋里。注意避开有缺损或被腐蚀的扶梯。

28. 上下钢直梯的注意要点

1. 工具必须放入包内。

2. 攀爬时手要抓紧横杆，严禁手中携带物件。

3. 进入直梯设备的顶部,扣好直梯防护链,防止意外坠落。

29. 雨天巡检的注意要点

1. 雨天巡检必须按规定穿劳动防护雨衣，不得撑伞或穿雨披。
2. 雨天巡检时不走积水处、不得奔跑。

30. 防止烫伤的三条经验

1. 蒸汽皮管扎管法。

2. 管线唾沫法。

3. 侧身操作法。

31. 监火站位的注意要点

1. 严禁站在附近地沟的水泥盖板上，防止地沟内残存轻烃爆燃冲击盖板而引发人身伤害事故。

2. 严禁站在附近含油污水下水道的盖板上，防止地沟内残存轻烃爆燃冲击盖板而引发人身伤害事故。

3. 严禁站在用火点正下方监护，防止溅到火星造成人身伤害。

32. 轻质油罐切水辨别油与水的技巧

1. 轻质油罐切水时，可根据放水声音来判断，水的声音较为清脆且响，油的声音较轻。

2. 取样看颜色、分层。

3. 蘸点液体置于纸上，由于水的表面张力要大于轻油的表面张力，所以水在纸上成滴状，轻油会在纸上化开。

4. 直接用纸蘸点液体，轻油会使纸变成透明状，而水不会。

33. 判断非轻质油容器料位高低的技巧

1. 当容器处于加卸物料过程中，不能通过测量器具进行检测，此时可通过用阀门扳手敲击容器外壁，通过声音判断容器的料位（禁止用黑色金属敲打）。

2. 用阀门扳手敲击容器外壁的声音来判断容器的料位。听到“啵啵啵”的实心声为有料位的位置。听到“咚咚咚”带回音的空心声为无料位的位置，两者的交界处为料位位置。

34. 判断管线口径及法兰垫片大小的经验

1. 通过查看管线上的阀门侧面数据就能判断管线口径（*DN*）、压力等级、阀门材质。
2. 如果管线发生泄漏，要准确报出数据以便抢修。

35. 判断管线内介质流向的技巧

1. 可以通过管线上有流向标志的阀门（控制阀、截止阀、单向阀）及流量计来判断。

2. 管线上如果有压力表，则可以根据压力表压力指示大小判断走向。

36. 判断离心泵进出口的技巧

1. 离心泵出口装有压力表。
2. 离心泵出口装有单向阀。
3. 离心泵的进口装有过滤器。
4. 离心泵进口管线比出口要粗。

37. 通过颜色区别常用管线内介质的经验

1. 正确认识常用炼化管线颜色，区别管线内介质的用途。
2. 红色管线内介质为消防水。
3. 绿色管线内介质为水。

4. 银灰管线内介质为物料。
5. 黄色管线内介质为碱水、酸性水、润滑油、氨水、氮气。

6. 蓝色管线内介质为氢气、动力风、仪表风。

38. 巡检捉漏的三条经验

1. 看到地上有油迹要想到上方是否有泄漏。

2. 闻到异常气味要想到周围是否有泄漏。

3. 听到异常声音要观察附近设备管线运行情况。

39. 用扳手听阀门内漏的技巧

1. 确认阀门已经关闭。
2. 将F扳手的一端抵住阀门壳体，另一端轻触耳朵。
3. 听是否有介质流动的声音。

40. 循环水查漏的技巧

循环水放到铅桶里。在阳光下如果可以看见彩色的油膜，可以判断发生内漏。

41. 罐区泄漏的应急处理要点

1. 当罐区油罐或管线大量物料泄漏时，应立即关闭下水道出口阀，防止发生污染或次生事故。
2. 根据泄漏介质的特性，按应急预案进行处理。

42. 气割用乙炔软管泄漏着火的应急处理技巧

1. 在气割作业时，若输送乙炔气或氧气的软管发生泄漏着火，必须立即处置。

2. 应第一时间关闭气瓶阀门。
3. 若输气软管较长，可以在安全部位将软管对折，能够迅速切断气源，将火熄灭。

43. 高压加氢装置观察现场压力表的正确方法

1. 观察压力时打开压力表双道手阀。

2. 观察完毕后应立即关闭双道手阀，待下次观察时再打开。

44. 进入地下罐区域的安全要点

1. 地下罐硫化氢易积聚，地下罐安全防护设施不全不准入内。

2. 需要佩戴硫化氢报警仪及正压式呼吸器。一人作业，一人监护。

45. 吊装操作的注意要点

1. 起吊时安全区域不准有人，以防高处坠落。

2. 在吊装时穿戴好安全防护用品，现场拉好安全带。
3. 按起重吊装规范固定被吊装物料。缓慢起吊。控制好起吊高度和上下左右位置。

46. 高压交流验电笔的正确使用

1. 验电笔自检，灯亮并发出鸣音表示验电笔正常。

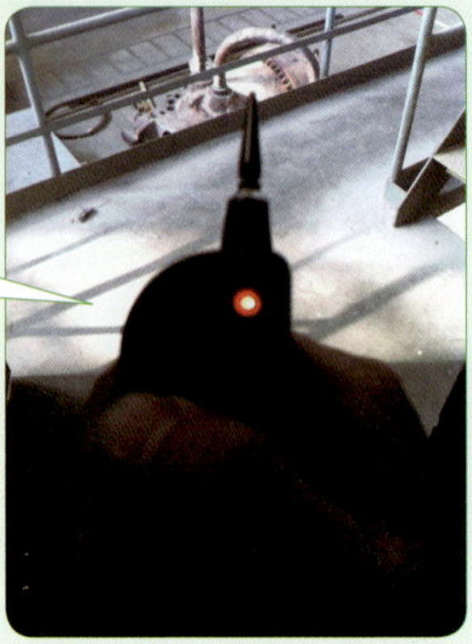

2. 在带电设备上再次检验验电笔，灯亮并发出鸣音。
3. 在待测设备上使用验电笔，灯不亮并无声，表示设备不带电。

47. 核辐射式物位计的安全使用要点

1. 人员保持与核辐射式物位计的安全距离。
2. 注意警示标识。
3. 检修时通知有关部门关闭核辐射源。

48. 高处作业主要危害之人的不安全行为

1. 主要包括人员无意中的失误或错误行为，以及有意的违章行为。如临时平台违章搭设，违章指挥，酒后作业等。

2. 在防护措施不完善的作业平台及通道上行走、休息或作业。

3. 不系安全带。

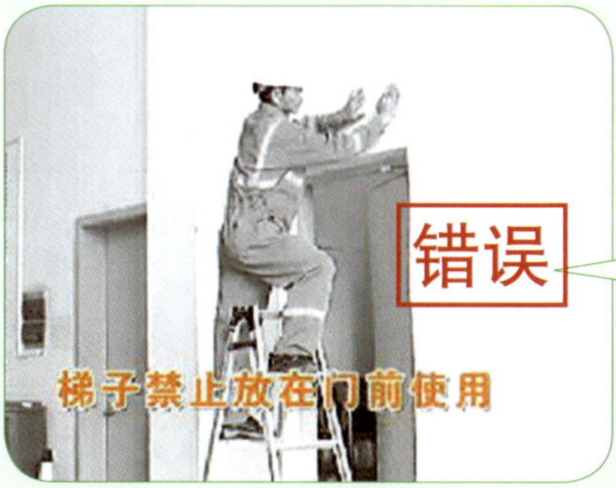

4. 梯子使用不当。

5. 投掷工具或材料。

6. 搭乘起重机吊钩。

7. 搭乘非载人吊篮上下等。

49. 高处作业主要危害之物的不安全状态

1. 主要包括安全设施失效或不齐全，如脚手架架设不规范，防护栏杆无或损坏。

2. 操作层下面未铺设安全防护层。

3. 梯子无防滑防陷措施，无保险链。

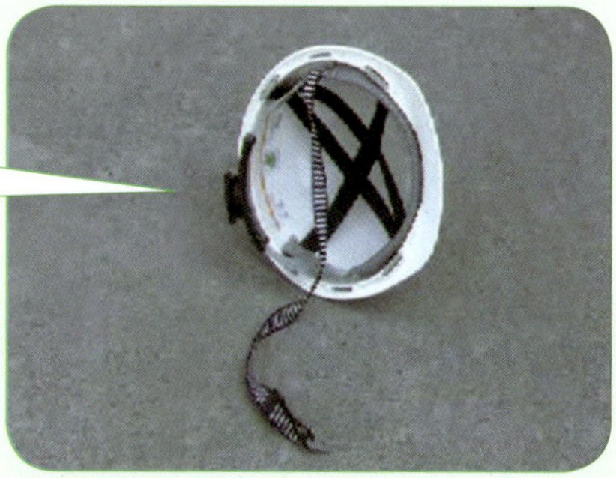

4. 个人防护用品本身有缺陷。

5. 使用三无产品或已老化的安全带。

6. 材料堆放过多造成作业平台超载断裂。

50. 高处作业主要危害之恶劣环境

1. 严禁在大风、暴雨、暴雪等恶劣天气下从事露天高空作业。

2. 严禁在照明光线不足的情况下，从事夜间高处作业。

51. 高处作业许可证的管理要点

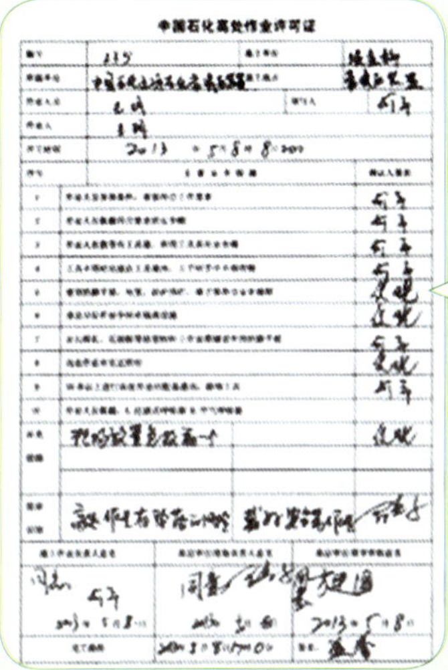
中国石化高处作业许可证

1. 高处作业许可证是进行高处作业的依据，不得涂改；许可证中的各栏目，应由相应责任人填写，其他人不得代签。

2. 进行15m以上的高处作业，应办理“高处作业许可证”。

3. 高处作业的具体时间、地点、人员必须与作业许可证一致。未按时完成的作业，必须重新办理许可证。

4. 当作业条件改变或发生重大事故等特殊情况，高处作业所属单位或作业单位应立即停止作业，并关闭作业许可证。

52. 高处作业现场急救要点

1. 高处作业事故的伤情，主要是肢体骨折、内脏破裂出血、外伤出血等。

2. 现场抢救首先去除伤员身上的用具和口袋中的硬物。

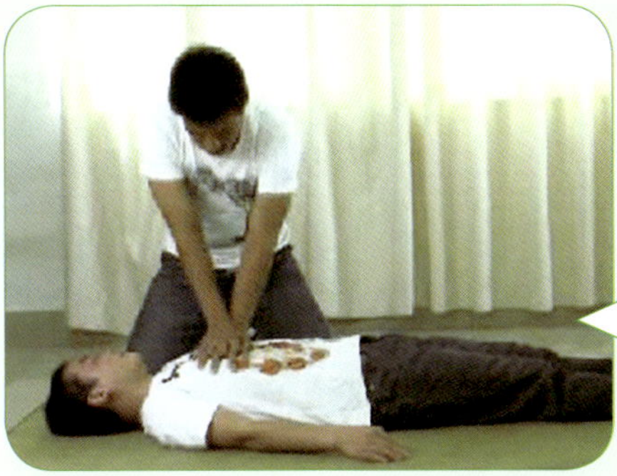

3. 立即处理危及生命的问题，针对呼吸心跳骤停及致命的外出血，给予心肺复苏及恰当的止血方法救治。

4. 创伤局部妥善包扎。

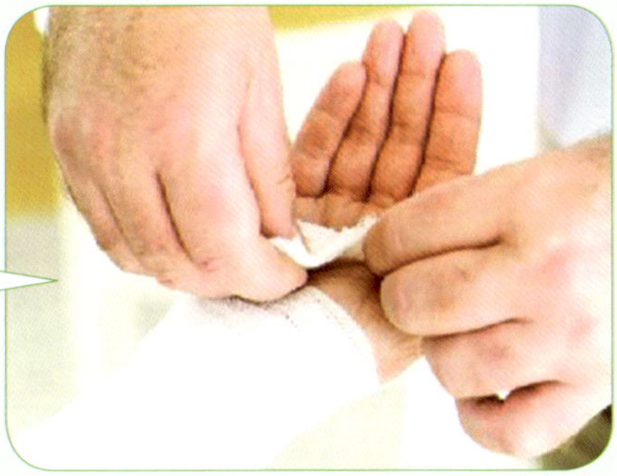

5. 颌面部伤员首先应保持呼吸通畅。

6. 复合伤要求平仰卧位，保持呼吸道畅通，解开衣领扣。

7. 快速平稳地送医救治。搬运和转送过程中，应使脊柱伸直，禁止一个抬肩一个抬腿的做法，以免发生加重截瘫。

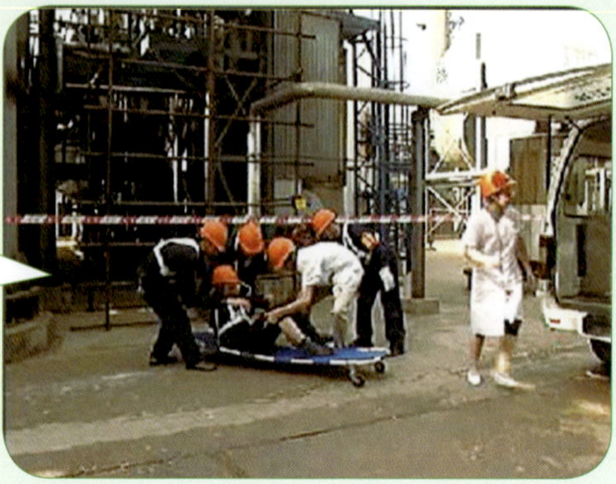

8. 如果伤员可能脊柱骨折，最好保持伤者位置不动，等待专业医护人员来搬运。如没有或无法寻求专业医护人员，应避免脊柱弯曲扭动加重伤情。

9. 高处坠落极易导致实质脏器的破裂引发胸腹腔的内出血，对已没有明显外出血沉默不语的病人，注意观察心跳呼吸及神智有无改变，立即送医救治。

53. 交叉作业防护的注意要点

1. 在同一坠落方向上，应避免进行上下交叉作业。如确实需要进行交叉作业，中间应设置安全防护层。

2. 高度超过24m的交叉作业，应设双层防护。

54. 单面梯的使用要点

1. 只能1人上梯操作，严禁两人同时站在同一梯子上作业，作业人员不得站在梯子顶端。

2. 单面梯与地面角度70°～80°为宜。

3. 梯子架在通道上或门边时，应有人在梯下监护或看守。

梯子应放在坚实平整的平面上，不能放在不稳的移动平面上；梯脚底部要加防滑措施，如锚固、夹固等。

4. 梯子底部要采取防滑措施。

5. 移动梯子时上面不准站人。

6. 梯子用作上下工作台时要有足够长度，顶端一般高于工作台1m，以做扶手用。
7. 架空电缆用梯还需防触电。

8. 爬梯时，应面向梯子，双手紧握扶梯，不得手中持物。

9. 人员站在梯子上作业时，应一手扶梯，一手工作，否则应使用安全带。

10. 梯子不得接长垫高使用。

11. 人员在梯子上移动时，应使用背包，双手扶梯，不能手提工具箱。

55. 人字梯的使用要点

1. 人字梯上部夹角以35° ~ 45° 为宜，同时下部两梯柱要牢固。

2. 其他要求与单面梯使用要点相同。

56. 脚手架的安全要点

1. 扣件式钢管脚手架安装与拆除人员必须是持证上岗的专业人员。

2. 搭拆脚手架人员必须佩戴安全帽、系挂全身式双大钩安全带、穿防滑鞋。

3. 使用脚手架前，确认脚手架已搭设完毕且检查合格。

4. 脚手架使用期间，禁止拆除主节点处的纵、横向水平杆，纵、横向扫地杆以及连墙件。

5. 拆除脚手架前应清除脚手架上杂物及地面障碍物。

6. 拆除脚手架时应设置警戒区域，必要时有监护人员在现场监护。

7. 拆除脚手架时物料、各构配件严禁抛掷至地面。

57. 用火作业许可证的管理要点

1. 一张用火作业许可证只限一处用火，实行一处（一个用火点）、一证（用火作业许可证）、一人（用火监护人），不能用一张许可证进行多处用火。

2. 节假日期间用火实行升级管理，即在原定用火级别的基础上升一级。

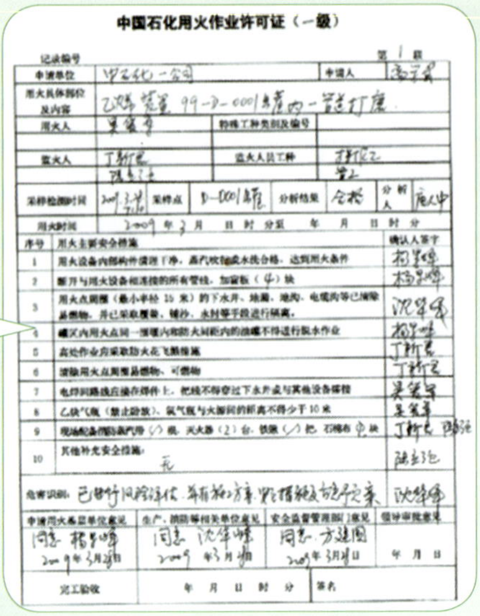

中国石化用火作业许可证（一级）

记录编号　　　　第 1 联

申请单位					申请人		
用火具体部位及内容							
用火人			特殊工种类别及编号				
监火人			监火人员工种				
采样检测时间		采样点		分析结果	合格	分析人	
用火时间	2009 年 3 月　日 时 分至　年 月 日 时 分						

序号	用火主要安全措施	确认人签字
1	用火设备内部构件清理干净，蒸汽吹扫或水洗合格，达到用火条件	
2	断开与用火设备相连接的所有管线，加盲板（4）块	
3	用火点周围（最小半径15米）的下水井、地漏、地沟、电缆沟等已清除易燃物，并已采取覆盖、铺沙、水封等手段进行隔离。	
4	罐区内用火点同一围堰内和防火间距内的油罐不得进行脱水作业	
5	高处作业应采取防火花飞溅措施	
6	清除用火点周围易燃物、可燃物	
7	电焊回路线应接在焊件上，把线不得穿过下水井或与其他设备搭接	
8	乙炔气瓶（禁止卧放）、氧气瓶与火源间的距离不得少于10米	
9	现场配备消防蒸汽带（/）根，灭火器（2）台，铁锹（/）把，石棉布（/）块	
10	其他补充安全措施：无	
危害识别：		

申请用火基层单位意见	生产、消防等相关单位意见	安全监督管理部门意见	领导审批意见
同意	同意	同意	年 月 日

完工验收	年 月 日 时 分	签名

3. 用火作业许可证不能涂改、代签。

4. 炼化企业一级、特级用火许可证不得超过8h，二级用火许可证不得超过三天。
5. 若中断作业一小时后继续用火，监护人、用火人和现场负责人应重新确认。

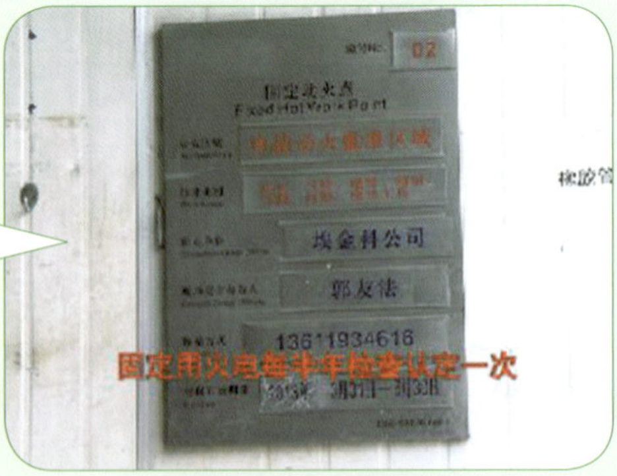

6. 固定用火作业区，每半年检查确定一次。

58. 用火作业前相关设备、管线的工艺处理要点

1. 凡在生产、储存、输送可燃物料的设备、容器及管道上用火，应首先切断物料来源并加好盲板。

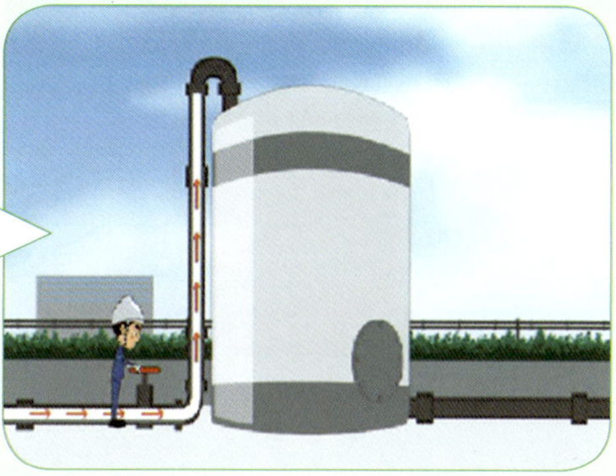

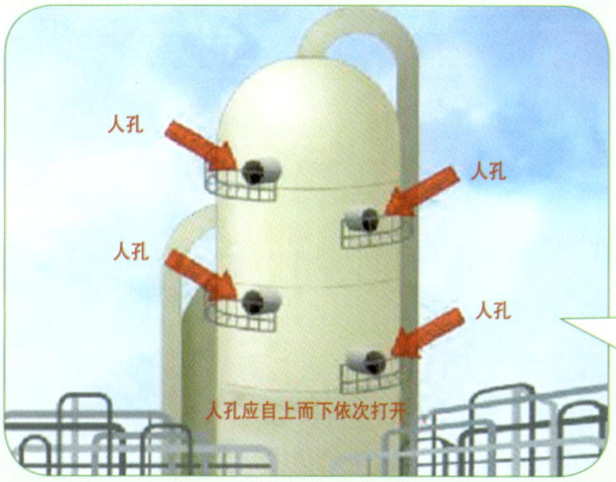

2. 经过彻底吹扫、清洗、置换后，打开人孔进行通风换气，经分析合格后方可用火。
3. 打开人孔时，应自上而下依次打开。

59. 用火作业的气体采样分析要点

1. 对需要用火作业的塔、罐、容器等设备和管线，均应进行内部和环境气体化验分析，并将分析数据填入许可证。

2. 采样分析要有代表性、全面性。

3. 塔类至少应测上、中、下3个点。

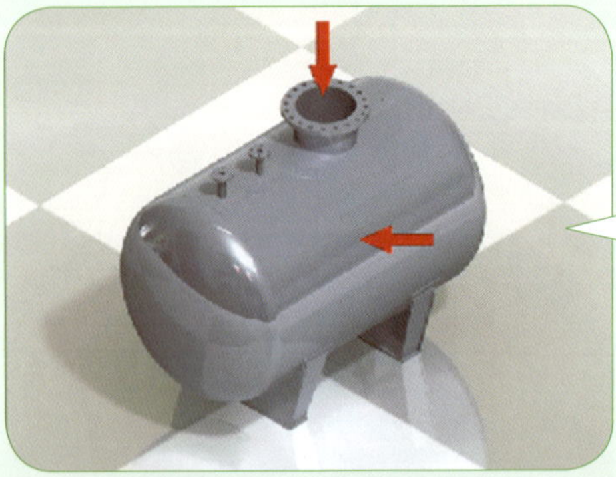

4. 罐应在物料进出口和中部。

5. 卧式容器最好取两端。

6. 采样时尽可能伸向设备内部，样品才有代表性，切不可在人孔处取样，人孔处因空气对流所采样品不具代表性。

7. 气体检测取样点要尽量靠近动火点及其周围，动火作业前气体检测数据1h内有效。

8. 当设备、容器内存有夹套、填料、衬里、密封圈等，有可能释放有毒、有害、可燃气体的，采样分析合格后超过1h用火的，需重新检测分析合格后方可用火。

60. 用火作业现场的管理要点

1. 用火作业现场应清除一切可燃物，并准备好消防器材。

2. 用火点周围15m内的下水井、地漏、地沟、电缆沟等应清除易燃物，并采取覆盖、铺沙、水封等手段进行隔离。

3. 用火作业时应注意周围干草、落叶等易燃物的清理，若用火点周围有草坪，必须用水浇湿，保证其不能被燃烧。

61. 用火作业过程中的用电注意要点

1. 临时用电必须遵循“一机一闸一保护”要求，用电设备必须接地良好，电源线无损坏。

2. 严禁将电源线搭在气瓶等易燃物品和材料上。

3. 禁止利用厂房的金属结构、管道、暖气或其他金属物体搭接作为焊接电源回路。

4. 禁止用氧气管道和易燃易爆气体管道作为接地装置的自然接地极。

5. 正确佩戴个人防护用品。

62. 气焊 / 割动火作业的注意要点

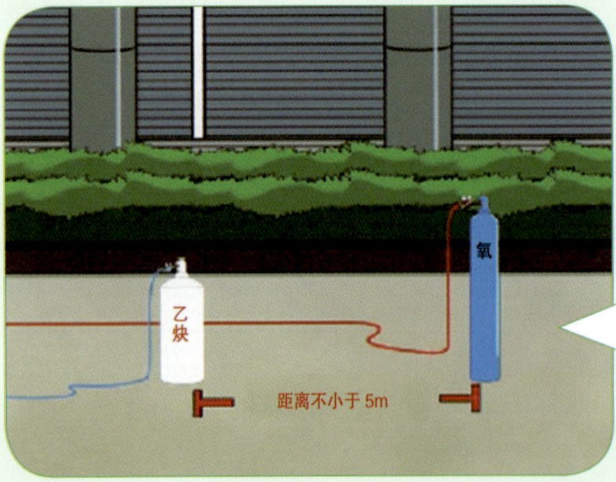

1. 气割/焊动火作业时，严禁气瓶倾倒放置，氧气瓶与乙炔瓶之间的距离不小于5m。

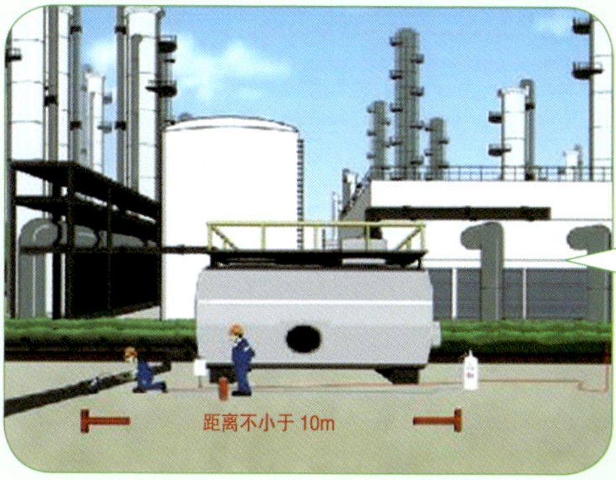

2. 氧气瓶和乙炔瓶与明火距离均不小于10m。

3. 乙炔气瓶禁止卧放，乙炔气瓶应配齐防震圈和防护帽，搬运时防止撞击和剧烈震动，禁止沾染油脂。

63. 用火作业中的注意要点

1. “三不用火”规定：未批许可证、监护人不在、措施不落实，不动火。

2. 能拆下来的管道，均应拆下来移到安全的地方用火。

3. 用火期间，距用火点30m内严禁排放各类可燃气体，15m内严禁排放各类可燃液体。

4. 同一用火区域不应同时进行可燃溶剂清洗和喷漆等施工。

5. 同一坠落方向上不能同时进行用火作业。

6. 用火过程中，监护人发现异常情况时，应及时采取措施，并收回作业许可证，暂停用火。

64. 用火作业后的注意要点

1. 用火作业结束后应进行完工验收，按照“工完、料净、场地清”的要求，保证现场无余火，消防器材复位，断电、料净、场地清，道路畅通。

2. 因异常情况作业停工，或者工作间隙期间，应对停工状态进行安全确认。停工时，现场无余火，物品摆放有序，用火设备关闭、断电，氧气、乙炔气瓶应将阀门关死，卸下减压器，带上瓶帽。

65. 用火作业现场急救要点

1. 一旦发现人员异常，应立即报警。
2. 迅速排除致命和致伤因素。如搬开身上的重物，撤离中毒现场。

3. 如果是意外触电，应立即切断电源。

4. 有创伤出血者，应迅速包扎止血。

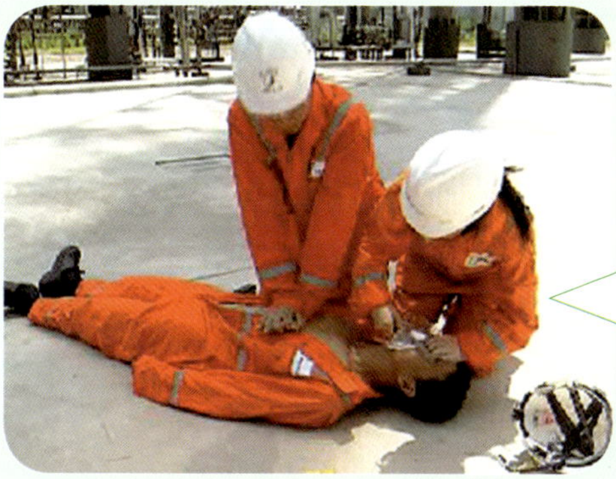

5. 检查伤员生命体征，如无呼吸或心跳停止，应就地立刻开展心肺复苏。

66. 进入受限空间作业许可证的管理要点

1. “三不进入”原则：无作业许可证不进入、安全措施不落实不进入、监护人不在现场不进入。

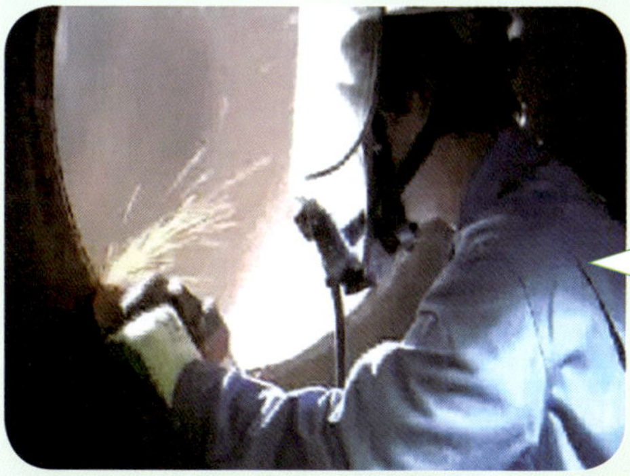

2. 涉及用火、临时用电、高处作业时，必须办理相应许可证。

3. 现场进入受限空间作业的具体时间、地点必须与作业许可证一致。未按时完成的作业，应重新办理许可证。

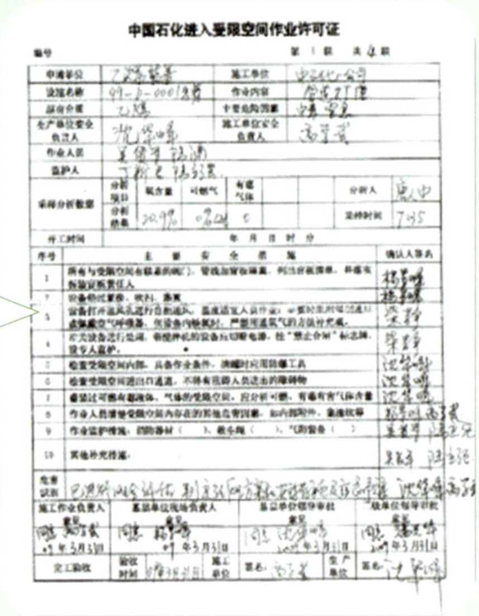

中国石化进入受限空间作业许可证

4. 作业许可证不得代签、不得涂改；确需修改，需签发人在修改内容处签字确认。

5. 当作业中断4h以上再次作业前，应重新对环境条件和安全措施进行确认；当作业内容和环境变更，必须重新办理许可证。

6. 条件改变或发生重大事故等特殊情况，应及时停止作业并关闭许可证。

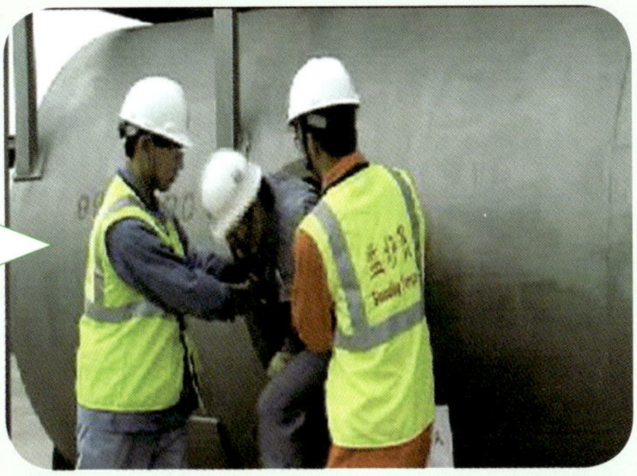

67. 进入受限空间作业前工艺隔离的注意要点

1. 在进行作业前，应实施对受限空间的吹扫、蒸煮、置换等工艺处理。对盛装过产生自聚物的设备容器，工艺处理结束后，还应进行聚合物加热等试验。

2. 受限空间相连的管线、阀门，应加盲板隔离，确保受限空间采样分析合格。

3. 加、拆盲板要有专人负责。盲板要选用符合压力等级的正式盲板。不得以关闭阀门代替安装盲板。盲板处应挂标识。

4. 对带搅拌器等转动设备的受限空间，或者与其相连的泵等设备，应在停机后切断电源，摘除保险或挂接地线。

68. 进入受限空间作业前通风的注意要点

1. 为保证受限空间内空气流通和人员呼吸需要，可采用自然通风。

2. 必要时采取强制通风。

3. 严禁向内充氧气。

4. 进入受限空间作业人员每次工作时间不宜过长，应轮换作业或休息。

5. 在受限空间内如进行电焊、切割或油漆作业，必须使用局部的废气排放系统，降低作业活动产生的可燃气体、烟雾。

69. 进入受限空间作业前气体检测的注意要点

1. 必须对可燃气体、氧含量及有毒气体进行检测，合格后方可作业。

2. 取样分析人员必须在受限空间外进行取样检测。

3. 对受限空间内的取样分析要有代表性、全面性。受限空间容积较大时，应对上中下各个部位取样分析，保证受限空间内任何部位的可燃气体浓度和氧含量合格。

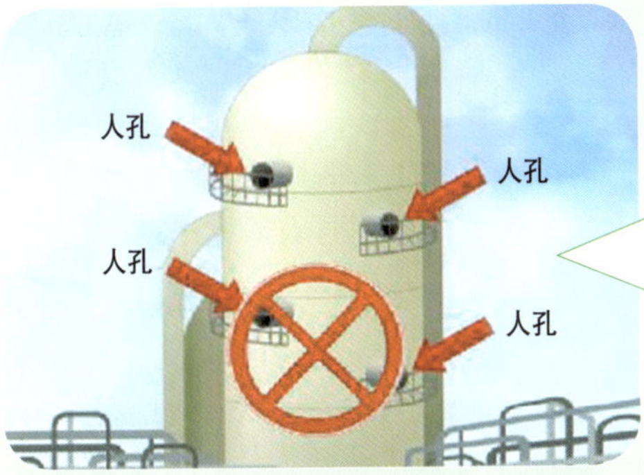

4. 采样时尽可能伸向设备内部，样品才有代表性，切不可在人孔处取样，人孔处因空气对流采的样品不具代表性。

70. 进入受限空间作业的用电安全要点

1. 进入受限空间作业应使用安全电压和安全行灯。

2. 受限空间内的温度和湿度较高，人体出汗导致电阻降低。因此照明电压不大于12V。

3. 必须使用电压大于12V的工具时，应按规定安装漏电保护器，但接地箱严禁带入容器内使用，电线电缆不能有破损或裸露。

4. 作业人员应穿戴防静电服装，使用防爆工具。

5. 严禁携带手机等非防爆通讯工具和其他非防爆材料。

71. 进入受限空间作业的监护要点

1. 受限空间出入口必须有经过专业培训的监护人，且该人员不能兼做其他任务。

2. 监护人应与受限空间内的作业人员保持联系。

3. 制定安全的应急预案，现场配备救生设施及灭火器材。

72. 进入受限空间作业中的注意要点

1. 监护人应保存作业许可证中的一联。

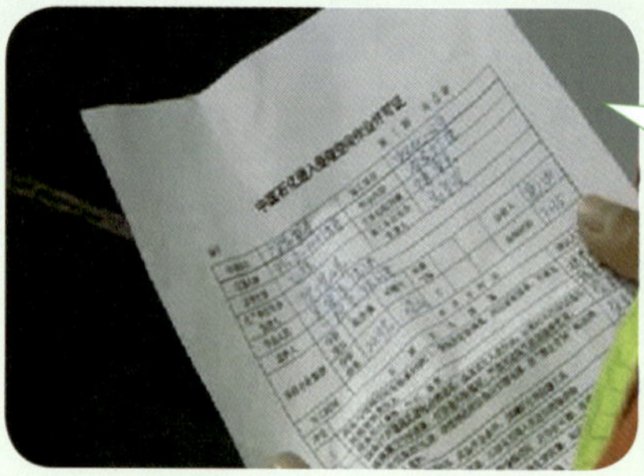

2. 进入受限空间作业的时间、地点、内容、人员等，必须与相应许可证上的信息一致。
3. 代签、涂改、过期的许可证无效。

4. 建议在受限空间进出口处设置登记本，随时掌握人员信息。

5. 只要受限空间内有人，监护人就不能离岗。要与内部作业人员时刻保持联系。

6. 受限空间作业期间，严禁同时进行各类与该受限空间有关的试车、试压或实验。

7. 作业期间发生任何异常时，都应立即停止作业，经处理并达到安全条件后，方可继续作业。

8. 停工时，作业负责人应核实所有人员都从受限空间内出来，并检查所有的工具和设备都已经从受限空间内清理出来。

9. 作业停工期间，应在进出口处设置警告牌或采取其他封闭措施防止人误进。

10. 现场人员应熟知应急预案内容，现场应配置一定数量符合要求的应急救护器具和灭火器具。

73. 进入受限空间作业结束后的检查要点

1. 作业结束后，检查所有计划检修项目是否完成、有无漏项。

2. 检查盲板是否处理好，有无该拆的没拆，该装的没装。

3. 检查设备安全设施是否恢复，检修质量是否合格。

4. 检查设备内无杂物。

5. 检查各管线、阀门是否处于正常开车状态。

6. 检查电机的接线是否正确。

7. 检查各种临时电线是否清除。

8. 检查机、电、仪是否具备开车条件。

74. 进入受限空间作业现场急救的注意要点

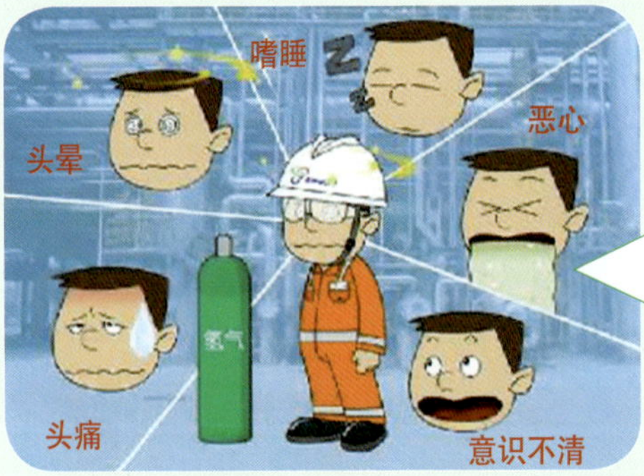

1. 在可能或确已发生有毒气体泄漏的作业场所，当突然出现头晕、头痛、恶心等症状时，必须想到发生中毒的可能性，要根据实际情况，采取有效措施。

2. 如化学物质沾染皮肤，应立即用大量流动清水冲洗。

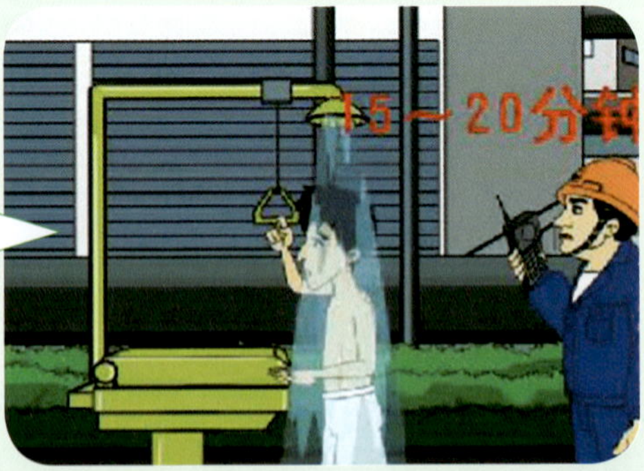

3. 出现急性中毒患者时，应立即启动应急预案。

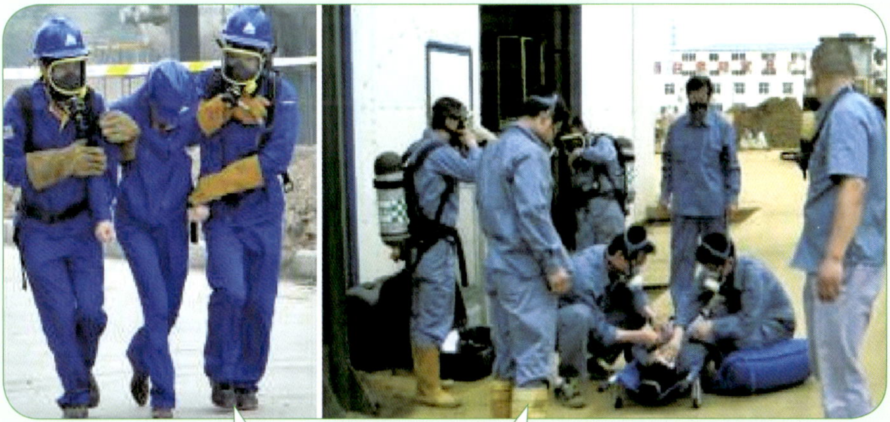

4. 现场救护人员戴好合适的防毒面具，在设法救出患者的同时，快速切断毒源。

5. 尽快将患者移到上风向空气新鲜的地方。搬运过程中，要沉着、冷静，不要强拖硬拉，避免搬运过程中造成更大伤害。

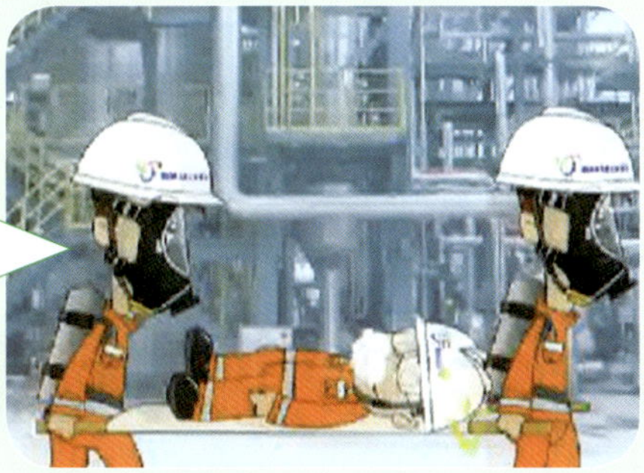

75. 隔离工艺管线的注意要点

1. 对氮气、可燃、有毒有害等介质的工艺管线必须加装符合其压力等级的盲板进行隔离。

2. 若设备上有安全阀，则同样必须在根阀处加装符合其压力等级的盲板进行隔离。

3. 要预先绘制好盲板流程图，避免有盲板漏加。

设备操作类

76. 常规压力表的更换

1. 关闭待换压力表的切断阀，截断压力源。针型阀可先朝逆时针开的方向轻拧一下，再朝顺时针关的方向用力关闭。

2. 用扳手慢慢松开压力表接口，当丝扣有介质漏出后，待表内余压泄完，再慢慢拆。整个更换过程中头部切勿贴近。

3. 用合适的工具清理杂物。

4. 放入符合要求的垫片。

5. 用扳手将压力表拧紧，表盘应面向经常观察的位置。

6. 缓慢打开切断阀，观察压力表读数是否符合规定要求。

77. 带封包压力表的更换

1. 关闭压力表引出手阀，拆下压力表。
2. 封包下放好接油盘。

3. 拧下封包上闷头，倒入隔离液。

4. 当隔离液从压力表U型管出口处涌出，说明封包已灌满隔离液。
5. 安装压力表，在补足封包内的隔离液后，撬紧封包上闷头。

78. 蒸汽皮带的使用要点

1. 确认蒸汽皮带完好，蒸汽皮带胶管与蒸汽引出口连接牢固。

4. 缓慢开启蒸汽引出阀，排尽蒸汽冷凝水。如感觉皮带受冲击力大，可适当关小蒸汽引出阀。
5. 移动蒸汽皮带时注意不要折管，防止皮带受压爆管。

2. 蒸汽皮带出口朝无人走动部位。
3. 操作时人要站稳，要用重心脚踏住蒸汽皮带自由端。

79. 用铁丝绑扎紧固橡皮胶管的技巧

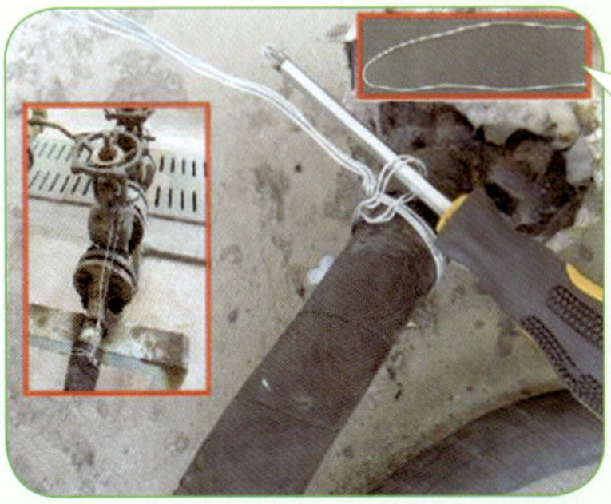

1. 选择较粗的铁丝，对折。
2. 绕过橡皮管使折弯处放在分叉头前（后）。
3. 把工具（F扳手、活络扳手、螺丝、钢筋等）穿过折弯圆圈，逆（顺）时针方向拧紧。将铁丝固定在法兰或阀门本体上。

80. 常规球阀的使用要点

1. 球阀一般作快开阀使用，全开或全关，不作为调节流量使用。
2. 球阀动作困难时，不能无限加长手柄，防止密封面受损。
3. 球阀阀位指示线与介质流向平行为全开启状态，垂直为全关闭状态。判断球阀是否全开或全关不以阀位定位器为准，以球阀阀位指示线为准。

81. 循环水蝶阀开关的注意要点

1. 循环水蝶阀带有助力齿轮，开启或关闭前务必确认蝶阀的开关状态，依照阀盘上的开关方向指示箭头开关阀门，超阀位行程的相反作用力会使阀杆变形或助力齿轮损坏。

2. 当蝶阀开关比较紧时可顺时针与逆时针低速小幅度往复开关来解决。
3. 蝶阀关闭时可注意开度指示和介质流速，防止蝶阀关过头的情况。

82. 常规阀门开关方向确认

手轮正对人，面向阀杆。顺时针旋转为关，逆时针旋转为开。

83. 判断闸阀阀杆内部断裂的技巧

1. 闸阀开启时，阀杆与填料密封的拖痕呈平行线，属于完好状态。
2. 若闸阀开启时，阀杆与填料密封的拖痕呈螺旋线，则阀杆内部断裂。

3. 用管子钳咬住闸阀阀杆顶端旋转，不能转动，则属于完好状态。若能转动，则阀杆内部断裂。

84. 常用阀门填料密封泄漏处理的注意要点

3. 必须站在泄漏液体溅射范围外。
4. 用扳手拧紧阀门夹兰两端螺栓，两端螺栓拧紧圈数必须相同，直至无泄漏。

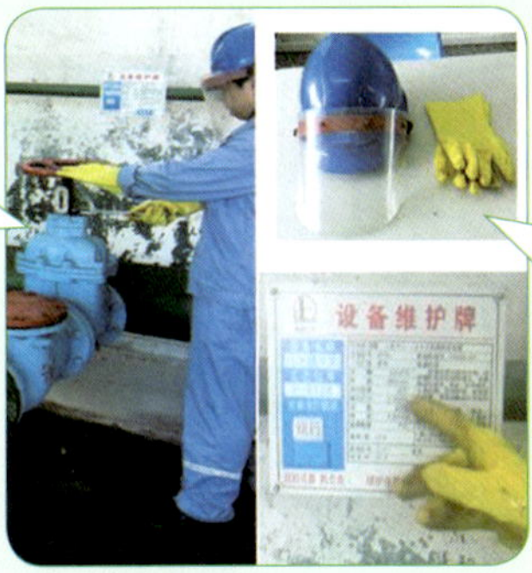

1. 必须戴有防护面罩的安全帽，防护手套。
2. 检查现场阀门夹兰的泄漏情况，判明泄漏液体性质。

85. ORBIT 高压轨道球阀开关的正确方法

1. 应用双手抓住阀门的阀盘，用阀盘进行开或关操作。
2. 阀杆顶部有阀位指示杆，指示杆伸出代表开，缩进为关。

3. ORBIT高压轨道球阀有自洁作用且结构紧密，开关时严禁用扳手强行带紧，否则会损坏密封和限位销，也会损坏导向轨和导向销。

86. 控制阀风开风关的判断技巧

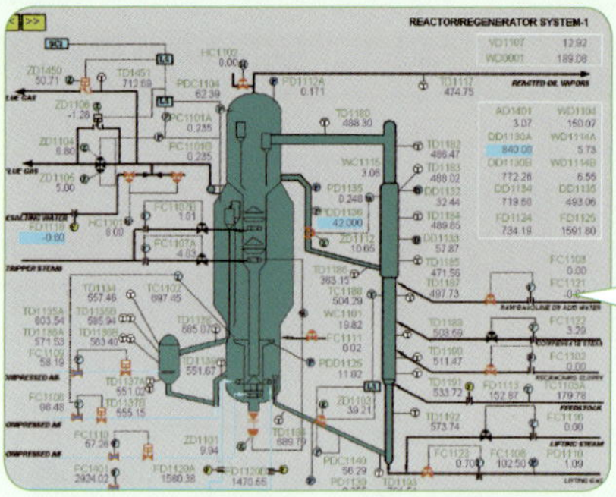

1. 在DCS屏幕上，风开控制阀标识为红色，风关控制阀标识为黑色。

2. 除了查看铭牌的方法外，风开控制阀现场执行机构一般被涂成红色，风关控制阀执行机构一般被涂成黑色。

87. 气动薄膜控制阀失去信号时的处理要点

1. 风开型气动薄膜控制阀失去信号时应快速开启控制阀副线手阀，及时将流量提起。

2. 风关型气动控制阀失去信号时应快速关小控制阀上游或下游手阀及时将流量降低。

88. 判断控制阀阀体堵的技巧

1. 控制阀逐渐开大，但流量变化不明显。
2. 稍开控制阀副线，流量明显上升。

89. 控制阀校对阀位时的注意要点

1. 控制阀开关过程中行程要到位。
2. 控制阀阀杆移动时应灵活无卡涩。
3. 现场控制阀阀位要与DCS信号一致。

90. 用控制阀副线的上下游阀调节流量的技巧

1. 副线阀一般为截止阀调节灵敏，用副线阀调节流量时可根据阀的开关幅度与流量相对应的关系进行调节。

2. 上下游阀均为闸阀调节不灵敏，用上下游阀进行流量调节时阀需关至1/3处才可能会对流量产生变化，在初始关阀时速度可较快。

91. 控制阀拆修安装后至投用时的注意要点

1. 检查控制阀安装方向是否正确。
2. 与内操联系空载校对阀位。
3. 关闭放空手阀。

4. 稍开控制阀下游阀进行捉漏无问题后全开下游阀。
5. 与内操联系负载校对阀结束后内操将控制阀全关。
6. 全开上游阀，内外操配合逐渐将控制阀切换到正线。

92. 判断管道过滤器堵的技巧

1. 过滤器前后压差增大。
2. 管道内流量下降，开大过滤器副线，流量明显上升。

93. 判断孔板流量计失灵的技巧

1. 控制阀开度应与流量指示对应，发现流量与控制阀电流不一致时可适当改变控制阀电流，观察流量是否有变化，如无变化说明流量指示可能失灵。

2. 管线上还有其他流量计时可彼此进行参照对比，判断流量指示是否正确。
3. 可根据工艺参数变化情况判断流量指示是否正确。

4. 孔板流量计前引压口堵会引起流量偏小，后引压口堵会引起流量偏大。

94. 拆法兰的技巧及注意要点

1. 拆法兰前，确认被拆法兰所属管道或容器被切断，无压力，无介质、常温。
2. 人站在上风口，松开距作业者身体远端的2个螺栓，用撬棒轻撬，检查是否有残余压力或物料。

3. 对称松开螺栓，口径较小的管线，可以用螺栓将法兰错位连接。
4. 拆下的螺母固定在螺栓上，集中摆放。

95. 拆卸弹簧式安全阀的注意要点

1. 拆前先拆除安全阀前后手阀的铅封。
2. 先关闭安全阀前高压端手阀，提起安全阀手动提升装置，将高压气体卸至低压管道后，再关闭安全阀后低压端手阀。

3. 若安全阀前后主管道有泄压放空，则人站上风口，开启放空卸尽余压。
4. 若安全阀前后主管道没有泄压放空，则由维修工站上风口，微微撬开下风向的安全阀前后法兰面，卸尽余压。

96. 拆卸玻璃板液面计的注意要点

1. 根据液面计内介质的性质，做好对应的安全防护措施。

2. 关闭液面计各引出阀。
3. 人站上风口，打开液面计底部放空阀放尽物料，放空阀下放置油桶。若引出阀内漏，严禁拆卸作业。
4. 松开液面计上下连接口法兰螺栓，将玻璃板液面计卸下。
5. 拆卸过程，做好液面计的牵引固定措施，防止坠落。

97. 磁翻板液位计的故障处理

1. 关闭液位计上下切断阀。根据液位计内介质的性质，做好对应的安全防护措施。

2. 排放液位计内物料、清洗浮筒管壁上的垃圾。

3. 打开上下切断阀观察液位是否复位，如复位说明液位计正常。

98. 拆装盲板的注意要点

1. 确认阀后无压力、无介质、常温后按规范松开法兰，取出老垫片，清理法兰面。

2. 选择口径、材质法兰面形式与原法兰配套的盲板。

3. 法兰上的螺栓不要全部拆除。
4. 作业时选择合适的站位。

5. 加入垫片后，用工具使盲板位于法兰中心处。撬紧法兰时，将垫片居中，注意对称拧紧螺栓，使垫片均匀压缩。

99. 更换普通法兰阀门的操作要点

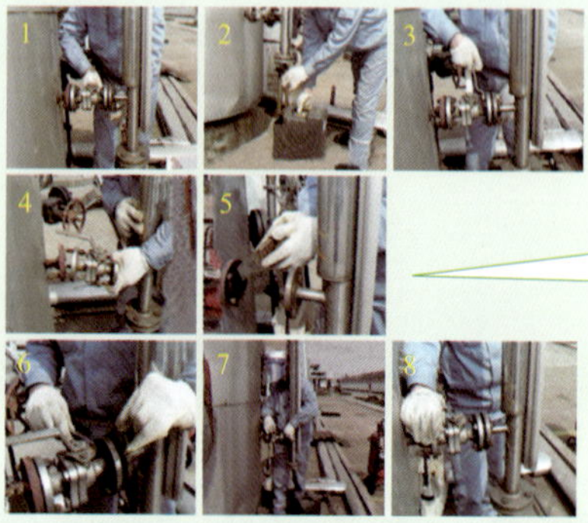

1. 对阀门进行流程切换。
2. 泄掉余压，放掉余料。
3. 拆卸阀门两侧法兰螺栓。
4. 撬动阀门两侧法兰间隙。
5. 移开旧阀门。
6. 用刮刀清理法兰密封面。
7. 安装新阀门和法兰垫片。
8. 倒流程试压，清理现场。

100. 更换阻火器的操作要点

1. 拆装时，监护人不得离开现场。
2. 管道内残余气体要放尽。
3. 安装完毕后，进行气密检查。

101. 带卡扣金属软管的拆卸要点

1. 关紧进出阀门。
2. 将丝扣拧松。

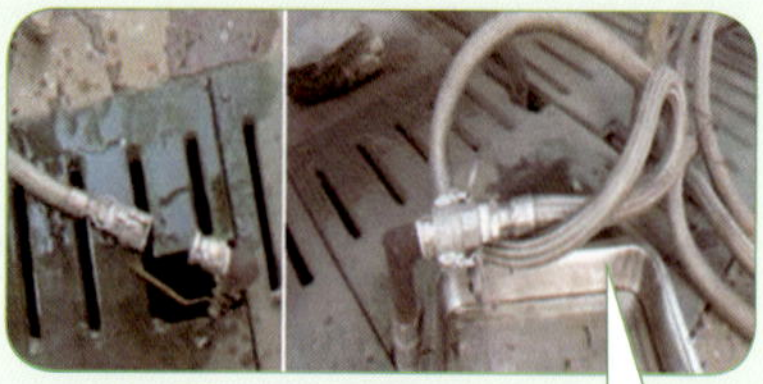

3. 将余压放尽，拆下头子。

102. 热电偶失灵的判断技巧

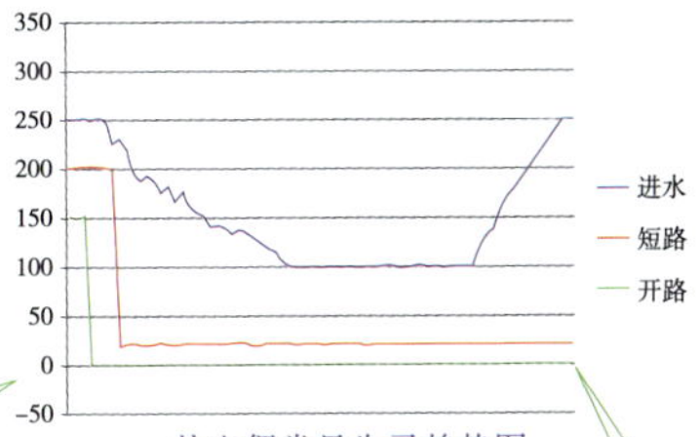

热电偶常见失灵趋势图

1. 热电偶夹套进水后，由于水受热汽化，带走热量，使温度维持在100℃左右。待水蒸发干净后，温度指示恢复正常。

2. 热电偶导线短路时，一般显示冷端的室温20℃。
3. 热电偶导线开路时，由于显示不出电势，所以显示0℃或坏点。

103. 热电阻失灵的判断技巧

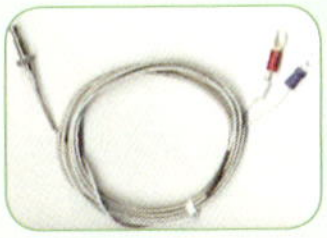

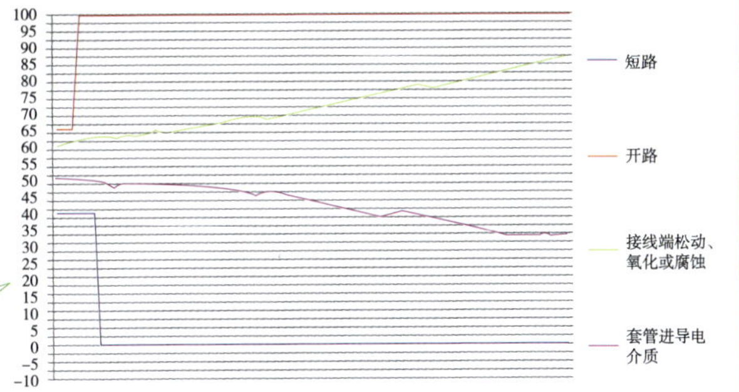

热电阻常见失灵趋势

1. 热电阻短路时，电阻值最小，一般显示为0℃。
2. 热电阻开路时，电阻值最大，一般显示为量程最大值。

3. 热电阻接线松动、氧化或腐蚀时，电阻值变大，温度呈上升趋势。
4. 热电阻套管进导电介质，电阻值变小，温度呈下降趋势。

104. 大型机泵电机操作要点

大型机泵电机启动和停止操作时，必须长按启动或停运按钮3s以上，使电机电路上的接触器和延时继电器进入正常的闭合或开启状态，以确保机泵和机组的安全开启和停运。

105. 大型机组油站润滑油泵切换操作的注意要点

1. 始终保持一台润滑油泵处于自动状态且流程畅通。

2. 按正常步骤切换油泵，要确保油压的稳定。
3. 油泵运行正常后，将停下的备用油泵切至自动状态。

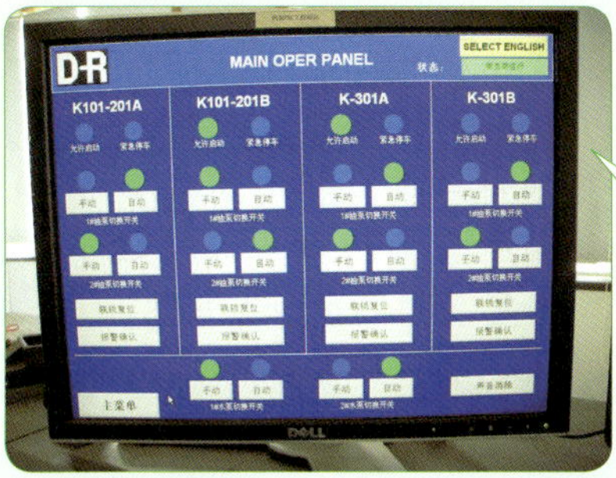

4. 联系内操将机组操作系统上的两台油泵手动/自启动状态调整好。

106. 机泵盘车的注意要点

1. 严禁对正在运行或处于自启动状态的机泵盘车。
2. 打开罩壳后按机泵运行方向盘车。
3. 用工具盘车时要卡牢。
4. 盘车时注意方向正确，注意是否顺畅、是否有卡滞。

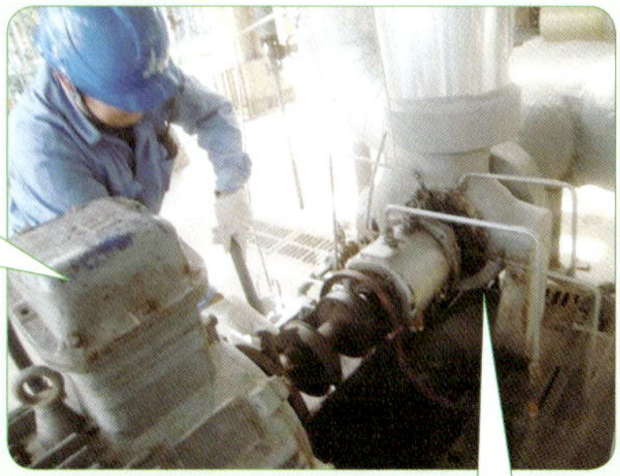

5. 盘车圈数最少一圈半（盘车角度=$n\times360°+180°$）。
6. 盘车结束后关闭罩壳，并注意密封是否泄漏。

107. 气压机组盘车的注意要点

1. 机组运转期间严禁使用盘车系统。
2. 机组运转期间一定要对盘车装置进行锁位。

3. 机组停运后在惰走时间段内严禁将盘车装置啮合。
4. 对于带自动脱钩系统的盘车装置，在开机正常后，要及时停运盘车马达。

5. 润滑油循环正常时，方可盘车。

108. 机泵维护保养作业的注意要点

1. 严禁将含油抹布置于高温管线上，否则抹布自燃会引发火灾事故。

2. 严禁用棉纱头擦拭电机的冷却吸风口，否则棉纱头的碎屑被吸入电机会引发电机的超温或短路事故。

3. 严禁将抹布缠绕于手上擦拭机泵转动部位附近的部件（例如：联轴器罩壳），一旦抹布被卷入旋转部件，抹布脱不了手会引发恶性人身伤害事故。

4. 严禁对处于联锁自启动状态的停运备用机泵进行盘车，此时一旦机泵自启动将引发恶性人身伤害事故。

5. 若要对该机泵进行盘车，必须将“自启动开关”置于“手动”位置。需盘车机泵“自启动开关”改“手动”前，务必先将运行机泵的“自启动开关”由“手动”改为“自动”。

6. 严禁直接用蒸汽或水皮龙冲淋电机本体，否则会引发电机短路或人身触电事故。

7. 严禁直接用蒸汽或水皮龙直接冲淋机泵本体，否则会引发泵体急冷变形、轴承箱进水而继发的振动、泄漏、咬轴等严重设备事故。

109. 磁力泵的操作要点

1. 严禁空转。
2. 严禁介质抽空运行。
3. 严禁零流量运行。
4. 严禁输送介质入口温度超标，防止退磁。

110. 潜水泵的使用要点

1. 使用前：检查确认潜水泵出口连接皮带牢固，无老化开裂，并固定在适合的排水处。

3. 潜水泵运行时必须潜入水中，且开停不宜过于频繁；每小时启动次数一般不多于6次，且要求有3～5min间隔均匀。

2. 双人用牢固的绳索把潜水泵缓慢放置地下容器围堰池水的最低处，启动潜水泵。

111. 液态烃泵灌泵技巧

1. 适当开启放空阀。

2. 至放空阀出现密集的凝水或拉霜，关闭放空阀，完成灌泵。

112. 开硫黄液硫泵的操作要点

1. 先启动润滑油辅助油泵，油压上升至0.3～0.5MPa后可启动主泵。
2. 检查液硫泵预热是否正常，均正常后才能操作。

113. 立式高速泵启动操作的注意要点

2. 主泵正常运行5～6s后停润滑油辅助泵。

1. 先启动润滑油辅助油泵，油压上升至0.3～0.5MPa后可启动主泵。

114. 判断离心泵和电机转向的技巧

1. 对于切线安装进出口管线的离心泵，转向由泵进口沿远端沿泵壳外周指向泵进口管线。

2. 单试或点动电机试转向时，电机背部风扇往电机内抽风，表示电机旋转方向正确，反之往外鼓风则转向反。

115. 蒸汽往复泵投用的注意要点

1. 保证泵出口阀门全开，确保出口后路工艺流程畅通。

2. 放尽蒸汽管线内的冷凝水，以免水击，放冷凝水时注意避让。
3. 开蒸汽时要缓慢，调节机泵至适合往复次数。

116. 计量泵抽空的处理要点

1. 发现计量泵抽空后，停用计量泵，关闭泵出口阀。

2. 打开泵出口放空阀，启动计量泵。此时，泵内气体随液体排出。待放空无气体排出后，打开泵出口阀，关闭泵出口放空阀。

117. 酸碱介质机泵的检修要点

1. 操作人员正确佩戴安全防护用品。
2. 关紧进出口阀门。
3. 拆卸泵与管道前，确认压力为零。
4. 松螺栓必须是先松远端的螺栓。

5. 冲尽泵内残液，pH测试为中性时，再拆卸泵，防止飞溅伤人。
6. 复位安装时，密封面必须紧密，检查螺栓、螺母是否有腐蚀现象。

118. 切换常规过滤器的注意要点

必须先开启备用过滤器，再停用原过滤器，与内操配合保持流量平稳。

119. 判断泵入口过滤器堵的技巧

1. 泵出口压力波动明显增大。
2. 泵体发出强烈声响，泵体振动加大。
3. 泵出口流量不足或下降，变频泵即使提高电流，流量也没有明显上升。

120. 大型机组油站润滑油过滤器切换操作的方法

1. 打开油过滤器充油阀，将过滤器备用罐充满油。

2. 打开备用过滤器溢流阀，有油出来即可。

3. 将切换手柄快速切换至备用过滤器。
4. 关闭油过滤器充油阀。
5. 处理停用过滤器。

121. 大型机组润滑油过滤器切换的注意要点

1. 切换前打开充油阀和待投用过滤器的上放空，当上放空有润滑油溢出时，表示该过滤器已充满油，关闭上述两阀。
2. 切换时，缓慢转动六孔四通阀，至中间并联位置保持0.5min的停顿，观察油压是否变化。

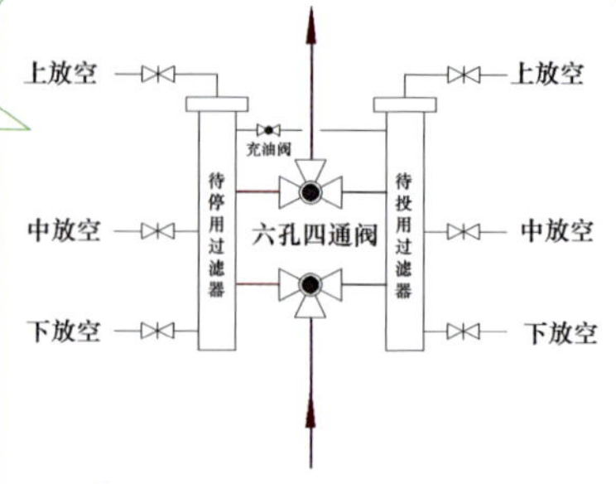

大型机组润滑油过滤器流程图

3. 六孔四通阀转至新投用过滤器位置过程要缓慢，防止油压波动。
4. 切换完毕，稍开停用过滤器的上放空，检查是否有润滑油溢出。若不间断有油溢出，说明充油阀内漏或六孔四通阀错位内漏。

122. 油雾润滑主油雾切换至副油雾发生器的注意要点

1. 检查副油雾发生器液位不能超过2/3，保证足够油雾空间。不低于1/3，确保供油。

2. 将主油雾发生器的电源开关切至副油雾。

3. 关闭主油雾发生器的进口气源及出口空气闭锁阀。
4. 打开副油雾发生器的进口气源以及出口空气闭锁阀。

123. 机泵油雾润滑检查的注意要点

1. 检查泵的油雾收集箱的放空管是否有油雾冒出。

2. 检查油雾收集箱的液位不能超红线。

3. 检查油雾分配器（有机玻璃管段）内部集油，有油时按动其底部弹性按钮把油放至油雾收集箱。

124. 机泵油雾润滑管线检查的技巧

用手指向上按动分配器底部按钮，集油箱排气口有大量油雾喷出说明油雾管线很畅通。

125. 德莱赛兰往复式气体压缩机注油器操作要点

2. 发现注油器不滴油，应将调行程螺栓向上旋转，增加注油器行程，同时反复摁压柱塞杆。

1. 发现注油器滴油快，应将调行程螺栓向下旋转，降低注油器行程，减少注油量。

126. 离心式压缩机干气密封的使用要点

1. 润滑油投用前必须先通入隔离气，正常运行中不可中断。
2. 压缩机停车后，隔离气必须在润滑油停止供给且回油管路无油流动一段时间后才可关闭。

3. 密封气流量计前后切断阀必须缓慢开启，防止浮子受带压气流冲击而卡住。

127. 焦炭塔底盖机拆除的注意要点

1. 必须与内操确认被拆塔信号，压力温度是否指示到位，是否满足条件。
2. 站立于可观测到底盖机情况的上风位。
3. 当底盖机指示为100%，液压油泵停运方可离去。

128. 焦炭塔顶盖机开启的注意要点

1. 检查现场压力，与内操核对，确认正确无误。
2. 确认呼吸阀全开，并畅通。

3. 操作监护人员远离顶盖机，站立在安全位置。
4. 检查连锁满足开盖条件。

129. 蒸汽吹灰器的使用要点

1. 蒸汽吹灰器排凝旁严禁站人。

2. 蒸汽吹灰器吹灰管旁严禁站人。

130. 玻璃板液位计空液位及满液位的判断技巧

1. 玻璃板液位计在正常状态时很容易读取数据。但是在空液位或满液位时，非常容易判断失误。

2. 空液位透视玻璃板时，有三条折光直线。

3. 满液位透视玻璃板时，仅在中部有一条折光直线。
4. 当液位处于钢架连接处时，也可以通过此方法判别。

131. 浮子式液面计反板不准的校正技巧

1. 浮子式液面计翻板销子因锈蚀或进灰尘，造成翻板翻转失灵，影响正常液位显示。

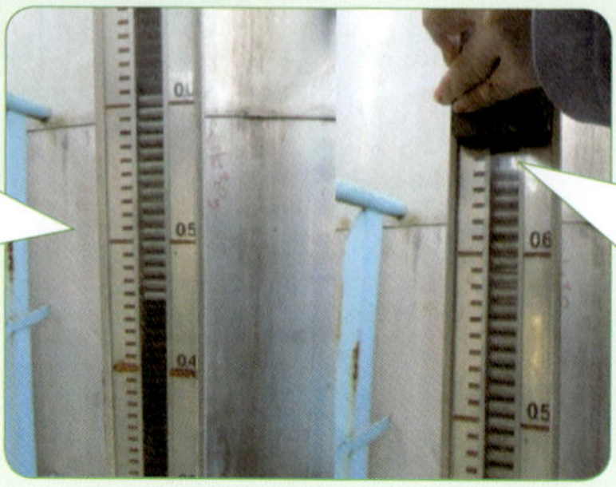

2. 用磁铁从底部（或顶部）往上（或下）吸一遍。

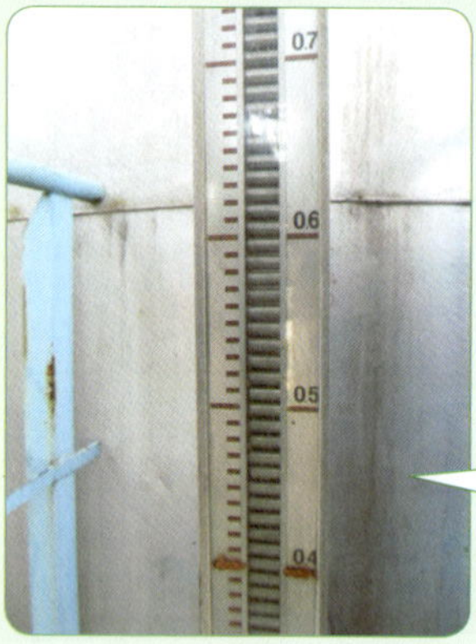

3. 反复多次后直到液面正确为止。

132. 重油分馏塔底液面计观测的注意要点

1. 当液面计停止观察时，必须将冲洗油引入液位计向塔内冲洗，防止重油凝固。
2. 遇到液面计不通畅时，可适当提高冲洗油压力。
3. 冬季时必须投用液面计伴热线。

4. 需要观察液位时，关闭冲洗油，待黑色高温油浆从液面计下部缓慢进入液面计，液面计中的冲洗油被蒸发干净，方能读取正确的分馏塔液位。

5. 晚上为了观测清楚，必须用手电筒打开并放置在液面计的背部，便于观测塔底液面。

133. 自板清机的操作要点

打开板框时，人必须远离板框，防止被溅射到。

134. 稳高压消防栓的使用要点

1. 稳高压消防栓在使用时，一定要全开全关，否则容易损坏密封垫。

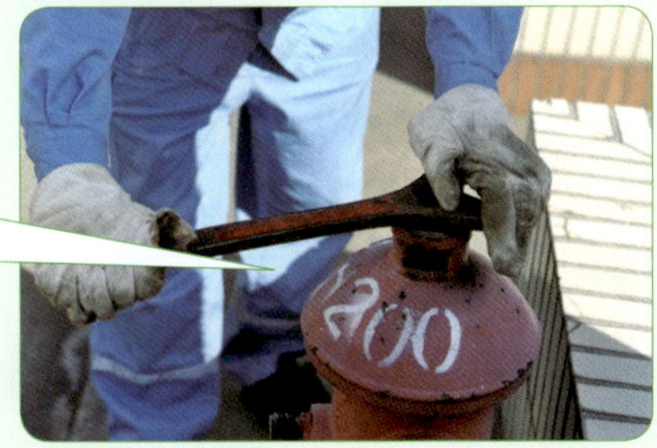

2. 消防栓出水口需连接消防皮龙，且消防皮龙铺设不得有皱褶。
3. 皮龙顶端的水枪应该由专人固定，并往火源或空旷方向。

4. 使用稳高压消防栓前，必须办理相关票证，并通知公司生产调度和稳高压泵房。

135. 空冷风机修复后判断转向正确的方法

1. 检查工作票、送电单手续齐，设备无异常。
2. 启动空冷风机。

3. 用小纸条在风叶的外端测试，如小纸条向外吹风说明转向正确。

136. 检验风机风叶安装正确的三条经验

1. 观察法：一人按风机开关，一人观察拔风。

2. 布条法：在出风口事先扎一根布条，以布条飞起为风向正常。

3. 飞纸法：事先准备几片纸屑，在风机开启后，抛向风箱出口，察看纸屑飞动方向，判断安装准确与否。

137. 高蜡含量油品空冷的操作要点

1. 投用时先进油，待空冷出口温度上升时再开空冷风机。

2. 使用过程中经常观察风机转速与空冷出口温度的变化，空冷的压差及出口流量。

3. 当风机转速持续增加而空冷出口温度又持续上升、压差变大、出口流量变小时，有可能是空冷管束内壁结蜡，此时应降低风机转速，防止管束冻凝。

138. 空冷皮带断裂处理的注意要点

1. 处理前设备先停电。
2. 按空冷电源按钮再次确认是否还有电源，风扇是否转动。
3. 挂禁动牌，周围围红白带。

4. 换空冷皮带时操作人员需陪同直到换好新的皮带。
5. 待电工送好电后要按空冷电源按钮确认是否有电，有电后正常使用空冷。

139. 往复式空压机开机操作控制面板的注意要点

1. 检查自检栏各项显示是否正常。
2. 拉出EMERGENCY STOP键。
3. 观察上方通知栏中间位置双方由红色（禁止）转为绿色（许可）。

4. 按START键开启空压机。再次观察自检状态情况，如状态正常按AUTO键加载空压机。

140. 大型机组润滑油油冷器投用的注意要点

1. 检查油系统各管道接口是否正常。
2. 检查油箱初始油位是否在许可范围内。
3. 开启油泵，再次检查系统各密封点有无泄漏（或渗漏）。

4. 微开油冷器顶部排空阀，排尽空气后（以出油为准）关闭。
5. 再次观察油箱油位是否在许可范围内。

141. 判断地面火炬长明灯通畅的方法

1. 听声音：长明灯通畅，喷嘴处有较强的激流声，堵则无激流声。

2. 捂风门：用手慢慢捂紧风门，掌心如能感觉有风较强流动，表明长明灯通畅，反之则堵。

3. 看压力：缓慢关长明灯电磁阀上游阀，观察阀后压力表，压力表指针随阀门关小迅速下降，说明长明灯通畅，相反则堵。

142. ABS颗粒筛磁性分离器清理的注意要点

1. 身上不能携带金属类物品，防止掉入吸风口。
2. 双手握紧分离器手柄，防止手滑而导致分离器吸入而伤手。

143. 催化装置辅助燃烧室风门操作的注意要点

1. 在系统升温过程中一定要把风门全开，并用铁丝固定住，同时检查燃烧室内火焰燃烧情况。风门正常时火焰应以旋转方式在燃烧室内燃烧。
2. 如果风门开关很轻松，可能是风门与控制手柄连接杆脱落，手柄虽然动作而风门实际无变化。

144. 废液地槽操作的注意要点

1. 需要检查地槽内废液情况时，打开地槽盖，内有安全网格，不能擅自取下，以防止操作人员不慎坠落。

2. 在不需要检查地槽内废液情况时，要将地槽盖盖好，防止气味散发造成环境污染、产生异味和人员中毒。

145. 电气隔离开关的操作要点

1. 认清设备，避免走错仓位。
2. 拉合隔离开关前必须查明开关在断开位置。

3. 确认仓位正确、开关断开位置后，解锁。
4. 双手拉住隔离开关把柄，先松动几下后，迅速将隔离开关拉合到位。

146. 斗轮机运行的安全要点

1. 注意观察斗轮压力表读数，并确保平稳。
2. 取煤时除了用眼睛观察，还必须听液压泵的运行声音保持平稳，才能确保煤层均匀。

3. 注意听煤流声音，确保煤流声音顺畅，一旦发现声音有异立即处理。
4. 集控与皮带要一起配合监控斗轮机运行情况。
5. 及时清理落煤管积煤。

147. 挂接地线的注意要点

1. 解锁，先安装接地端。

2. 三相逐相验放电后挂接地线。

148. 木块分离器清理的注意要点

1. 操作前应得到司炉允许。
2. 拉电动栅格时，木块分离器上挡板应调至“开”位置，下挡板应调至“关”位置。

3. 木块分离器门不能长时间处于开启状态。

4. 关闭木块分离器门后要旋紧两端小法兰盘。

149. 检查油品储罐紧急泄放阀的注意要点

1. 两人操作，正确佩戴空气呼吸器，选好合适的位置，小心脚底打滑。

2. 慢慢拎起泄放阀盖子，检查盖子上的橡皮垫圈是否完好、有无破损。禁止把手伸入盖中。

150. 袋式除尘器脉冲阀检查的注意要点

1. 查看布袋除尘器喷吹用气的气包压力表指示是否正常。

2. 用手靠近脉冲喷吹阀，感受是否有压缩空气泄漏。

151. 模头清理的注意要点

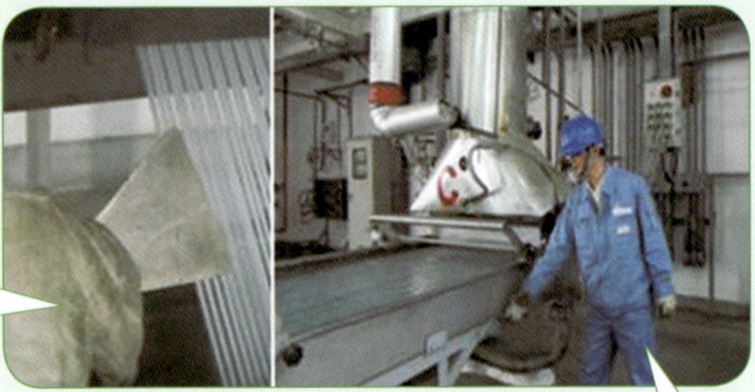

1. 用铜铲清理模头焦油和废料（防止损坏模头）。

2. 控制水浴槽进退时人员要侧身防热水外溅伤人。

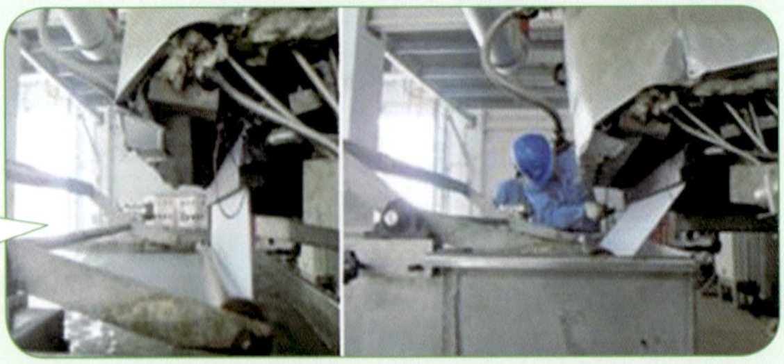

3. 水浴槽到达适当位置（模头与水浴槽垂直）关闭开关。

152. 配电箱 RTO 熔丝送电的注意要点

1. 选择合适的熔丝，用手柄夹住。

2. 作业时需正确穿戴好绝缘手套、绝缘鞋、安全帽等劳防用品，严禁违章。
3. 先送A、C相，后送中间B相。

153. 推煤机安全运行的注意内容

1. 推煤机在斜坡运行时角度不能超过30°，横相坡度不能超过15°。
2. 推煤机运行时尽可能的不要超负荷运行。

3. 推煤机停止运行时必须停入机库，并清理干净。
4. 进入冬天水箱必须加防冻液，油箱必须加－10号柴油。

154. 摇表使用前准备的注意要点

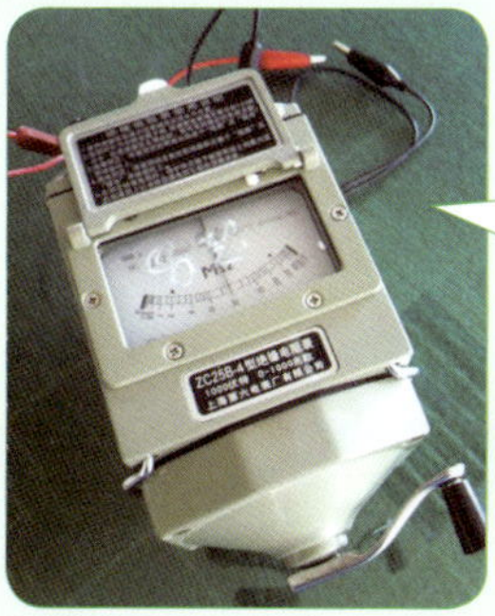

1. 选择合适的摇表。
2. 接好红黑线。

3. 开路试验，指针无穷大。
4. 短路试验，指针到零。

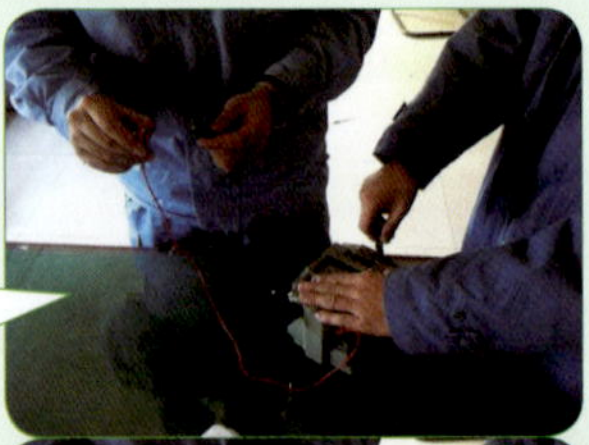

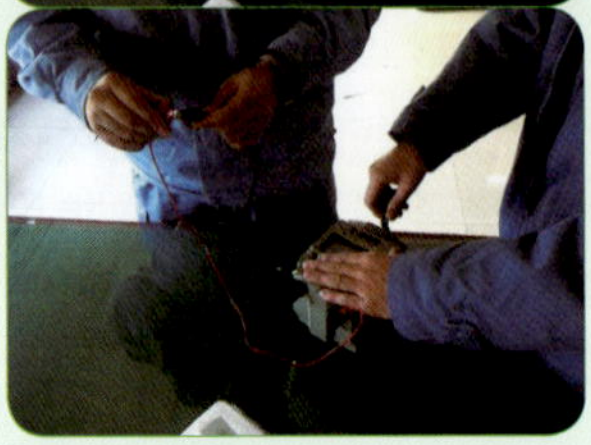

155. 真空皮带机检查的注意要点

1. 石膏刚出时较湿，查看真空皮带机下料口是否畅通。

2. 使用专用工具及时进行疏通，防止堵塞。

156. 桥式抓斗卸船机运行的安全要点

1. 卸煤时必须升起挡煤板。
2. 抓斗与煤船必须保持一定的安全距离。
3. 两台桥式抓斗卸船机运行必须保持一定的安全距离。

4. 装灰时抓斗与灰船要有一定的安全距离。
5. 装灰时必须与出灰管理人员保持联系，装灰吨位必须与灰船装载量相配。

157. 自力式压力调节阀使用的注意要点

1. 自力式压力调节阀是一种无需外加能源，利用被调介质自身能量为动力源而达到控制目的的一种新型阀门，正常生产时一般不需要人为进行调节。

2. 如需进行调节可通过调节控制阀顶部压力调节盘来实现。调节时动作要缓慢，调节时控制阀阀杆不能跟随一起转动。

158. 苯酚管线阀门开关的注意要点

苯酚管线的阀门不要用力开或关。如果苯酚凝固，用力开关动作会造成阀门损坏。

159. 桶料加热后开桶盖的要点

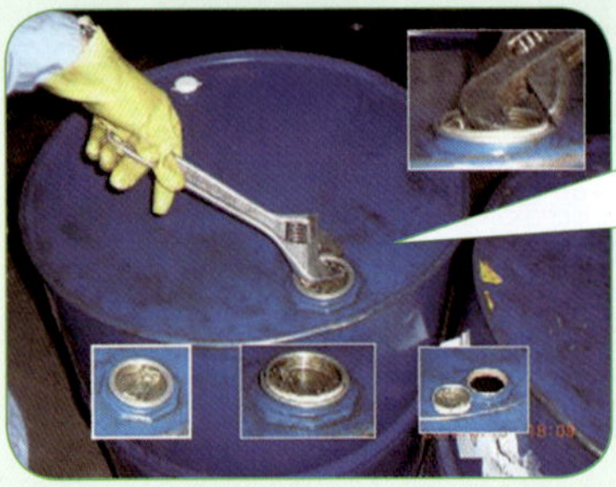

开盖要缓慢，起始松1～2圈，先排气，若有压力会听到轻微的排气声，待无声音后继续缓慢开盖。

160. 换热器抽芯时的注意要点

1. 换热器封头已拆除。
2. 准备好消防水。
3. 施工机具准备完毕。
4. 现场做好监护工作，拉好红白带。
5. 抽芯吊装过程中要防止损坏其他管线设备。

6. 换热器内芯抽出后要摆放在规定部位。有条件的情况下，先用钝化剂处理硫化亚铁避免自燃。

工艺操作类

161. 苯酚少量泄漏的判断技巧

走苯酚物料的机泵和管道，有少量泄漏时会出现白色、黄色或红色结晶，且有特殊的臭味。

162. 苯酚物料软管拆除的注意要点

走过苯酚物料的软管用完后应立即从高到低把橡皮管或金属软管梳理一遍，防止管子堵塞。

163. 槽车卸料检查的安全要点

1. 检查槽车人员资格证，槽罐使用证，道路运输证等有关证件。

2. 检查有无防静电措施，围绕槽车检查一次。

164. 动力风管网排凝的注意要点

1. 确认排凝口位置处没有其他人员。
2. 确认排凝阀一次阀门处于全开状态。
3. 人员避开排凝口位置，注意周围管架与平台。
4. 通过排凝阀二次阀门调节排凝（不影响系统压力）。
5. 观察排凝口排放情况，适时关闭排凝阀二次阀门。

165. 改流程操作的注意要点

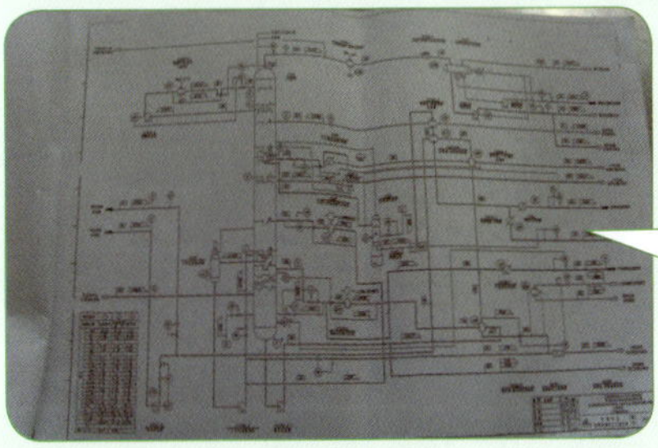

1. 接到任务通知后，要清楚任务内容。
2. 通过流程图确认工艺流程。

3. 现场核实管线标识后，对正确的管线进行操作。

166. 冲洗高温高压水位计的注意要点

1. 冲洗水位计时应缓慢，暖管要充分。
2. 冲洗水位计时应侧对水位计，防止水位计爆破伤人。

167. 出装置侧线改油扫线的安全操作

1. 放净扫线蒸汽冷凝水，以防水击。
2. 吹扫蒸汽节流声清脆，确保畅通。
3. 罐区通知方能停扫线，防止倒压。
4. 改油操作听内操指挥，平稳操作。

168. 催化装置高温烟气管线查漏的技巧

1. 催化装置的再生烟气中含有颗粒极小的白色催化剂粉尘，若管线发生少量泄漏，粉尘在法兰面外部会沉积。
2. 泄漏点的下风向有刺鼻的烟气味。

3. 发现管线泄漏要及时处理，否则含颗粒的烟气会加剧法兰面的磨损，使泄漏点迅速变大。

169. 带敞口式加料斗容器判断真空的技巧

1. 真空表显示负压。

2. 微开加料斗阀门，会有吸气声。

170. 电动阀切换手动操作的技巧

1. 转盘和手柄是在手动状态下使用的。
2. 手动操作时，推动手柄，然后旋转手轮，让手轮挂上离合器后放开手柄，即可通过手轮来实现电动阀现场手动操作。

3. 切换手动操作时，应当注意操作位置，避免手指被压伤。

171. 反应釜真空吸粉料操作的注意要点

真空拉足后，关闭抽真空阀门，打开吸料阀吸料。切忌边拉真空边吸料。

172. 负压加热炉点长明灯的操作要点

1. 带好点火枪，使用防爆工具。

2. 拔出长明灯，一人打开长明灯瓦斯手阀，一人用点火枪点燃长明灯，点火时人要站在上风向。

3. 调整长明灯火焰，正常后将长明灯插入并固定牢，防止长明灯脱落伤人。

173. 防止负压炉回火的注意事项

1. 瓦斯控制阀阀后压力不要控制过低。

2. 进行熄火操作时，不要先关一次风门。
3. 紧急停炉时，必须快速切断炉用瓦斯总手阀。

174. 控制负压炉烟气氧含量的技巧

1. 自燃通风时，烟气氧含量由风门和烟道挡板开度来调节。
2. 强制通风时，烟气氧含量由风机进炉膛蝶阀开度来控制。

175. 工艺管线蒸汽扫线的注意要点

1. 易吹扫损坏的设备应先拆除，扫线结束后再回装。
2. 必须先排凝后引汽，先少量给汽贯通、排凝、暖线、再提量吹扫。
3. 严防水击，一旦水击，必须减汽，甚至停汽，直到管线不震后，再脱水引汽。

4. 吹扫时先吹主管，后吹支管，按流程分段吹扫、试压查漏、分段进行，顺管线向下或水平吹扫。
5. 新接管线引蒸汽逐一贯通试压，不搞错、不窜汽。
6. 重油管线利用蒸汽憋压吹扫有利于吹扫干净。

176. 加热炉烟囱冒黑烟的处理要点

1. 立即通知内操，适当降低瓦斯用量。内、外操对瓦斯控制阀进行调试，判断是否故障，发现异常立即改手动控制。

2. 内操观察加热炉是否有物料流量、瓦斯压力波动。

3. 检查风道控制阀、烟道挡板是否在正常合适位置。发现异常内操立即改手动控制。

177. 加热炉开工烘炉操作的注意事项

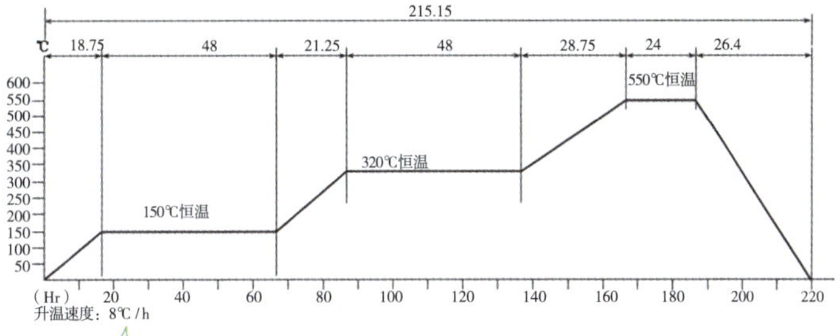

加热炉烘炉升温、降温曲线

1. 控制好各恒温阶段温度，合理脱除衬里中的游离水和结晶水。
2. 升温过程中严禁升温过快，必须严格按照升温曲线升温。

3. 烘炉时炉膛温度要保持均匀，合理分配火嘴。

178. 管道疏通作业的注意要点

1. 根据工艺条件及介质性质做好相应的防护措施及环保措施。
2. 必须疏通一段，冲洗一段。防止冲洗时造成前段法兰处物料的外泄。

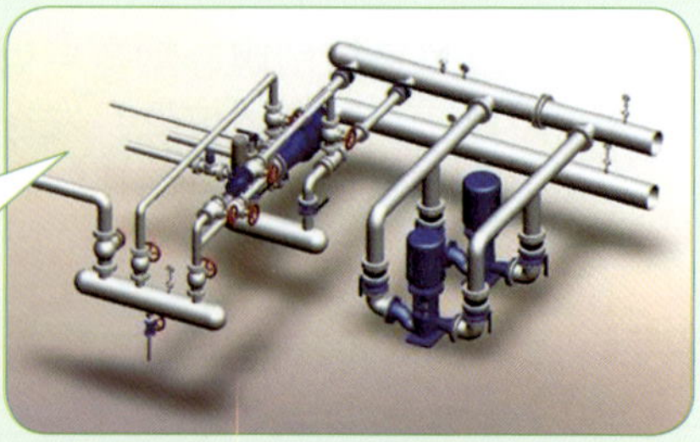

179. 锅炉出灰操作的注意要点

1. 甲、乙侧灰坑不得同时出灰。
2. 出灰为红灰时，应立即停止出灰，重新作灰坑水位。

180. 锅炉打焦操作的注意要点

1. 佩戴好面罩，带齐打焦工具，做好劳动防护措施。
2. 缓慢开启打焦孔。应侧对打焦孔，防止因燃烧不稳导致炉膛正压伤人。
3. 打焦时应注意留有一定退路。

181. 锅炉定排操作的注意要点

1. 开定排总门时，注意管道内是否有流速声。

2. 发生管道水冲击，应立即停止操作。

182. 锅炉粉仓粉位量取的注意要点

1. 缓慢放下量粉锤（钢丝绳放下速度不能太快，防止量粉锤埋入煤粉中）。

2. 待钢丝线垂直后根据指示器读取粉位。
3. 恢复时把量粉锤拉至最高。

183. 冷却器控制温差方法

2. 缓慢开启出口阀。
3. 根据冷却水出口温度调节出口阀至工艺指标。

1. 将冷却器冷却水进口全开。

184. 换热器投用的提示

1. 投用前，关闭换热器的所有放空阀和排污阀。

2. 投用时，必须先开冷流后开热流，防止超温损坏或冷流汽化膨胀引发事故。
3. 冷热流开启时，都是先开出口阀，再开进口阀。

185. 中、低压换热器使用时的注意要点

1. 严禁超温、超压，以免影响使用寿命及损坏设备。
2. 严禁换热器单程受热，以免发生泄漏。一旦发生泄漏，应及时切除。
3. 严禁升温、降温速度过快。

4. 严禁放空阀未关死，以免造成跑油或引起着火。
5. 经常检查压力、温度变化情况以及换热器是否有内漏情况。
6. 经常检查大头盖、管箱、放空阀等法兰连接处有无泄漏。

186. 环氧丙烷送料的注意要点

1. 接调度通知，检查管路，打通流程。

2. 启动输送泵，用回流阀控制流量。

3. 调节流量计出口阀，控制输送压力。

187. 环氧丙烷卸车的注意要点

1. 必须佩戴有防护面罩的安全帽。
2. 检查槽车静电接地线是否完好，灭火器材是否完好。

3. 接好卸料头子，操作人员必须站在槽车紧急切断阀后侧上风处。

188. 更换干燥过滤器的注意要点

压力放净后，松开干燥过滤器螺丝。拆螺丝时不要正对干燥过滤器拆。待螺丝松动后，观察有无气体和冷冻油冒出。

189. 蒸汽发生器汽包加药罐加药操作的注意要点

1. 加入药剂后先略开搅拌风使得药剂能够充分溶解。
2. 除氧水阀门要缓慢打开。
3. 注意加药罐液面在控制范围内。

4. 操作人员必须站在侧后方。
5. 不得在除氧水加满后开搅拌风以免被除氧水烫伤。
6. 关闭除氧水阀门后先不关闭搅拌风。
7. 搅拌2min后再停搅拌。
8. 加料结束盖盖子要规范稳固。

190. 催化装置再生器加 CO 助燃剂操作的注意要点

1. 助燃剂注入容器后，要确保加料上下阀和放空阀处于关闭状态。
2. 先开加料斗与管线的连通阀门，再开加料斗的充压阀门，有利于加入助燃剂。

3. 加CO助燃剂时不要将料斗加得过满，防止加剂管线堵塞。

191. 配置磺化酞菁钴溶液操作的注意要点

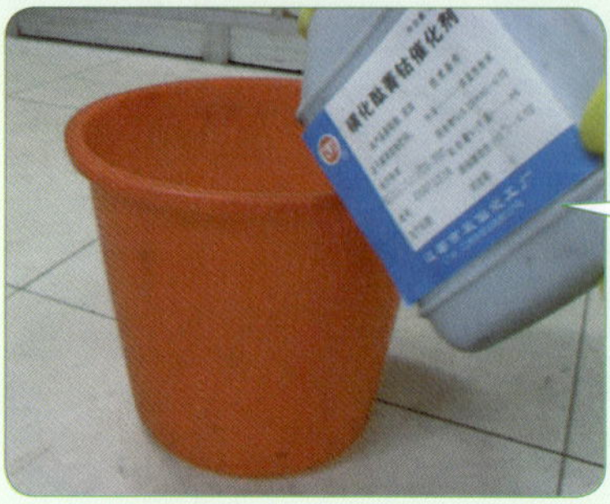

必须先把磺化酞菁钴倒在小桶中，用除盐水溶解后才能再倒入到碱液罐中。

192. 均质罐区液氨卸车的注意要点

1. 凝缩油罐安全阀副线先泄压。
2. 卸车前凝缩油罐顶压力为零，液面不大于30%。

3. 注意人站在上风向。
4. 凝缩油罐液面上升至70%要停止卸氨。

193. 控制阀调节余地不足时操作技巧

当控制阀调节余地不足时，内操可将控制阀放在合适的手动位置，外操调节副线阀门，使控制阀有足够的调节余地，然后切回自控。

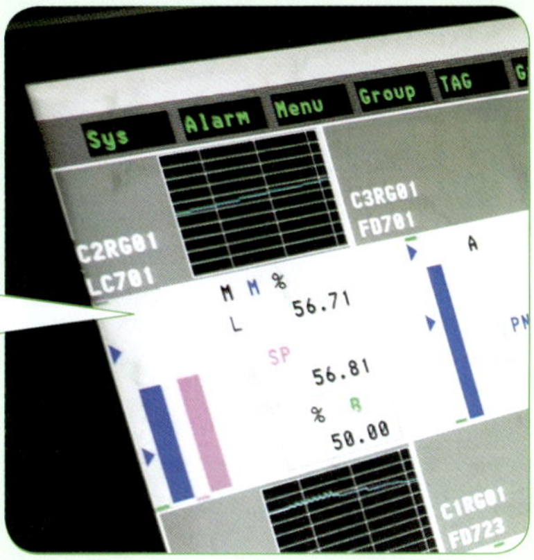

194. 控制阀组副线改正线的注意要点

1. 投用控制阀前，内外操联系核对阀位。

2. 检查确认控制阀组放空阀已关闭。

3. 打开下游阀门，确认控制阀无泄漏。
4. 切换过程中，内外操要密切配合，维持流量的平稳。

195. 冷冻机加制冷剂注意事项

1. 必须双人操作，人站在上风向。
2. 必须戴好有防护面罩的安全帽、浸塑手套等劳防用品。

3. 检查钢瓶及机组上角阀、加液铜管是否完好。
4. 接好铜管后，缓慢打开钢瓶角阀，检查介质是否泄漏。

5. 不准敲打钢瓶，不准用蒸汽对钢瓶进行加热。

196. 开启加热炉看火窗的注意要点

开前联系内操确认炉膛负压后，站在看火窗的右侧位的后方，以免被烫伤。

197. 排事故油浆的注意要点

1. 对扫线蒸汽脱水。
2. 先开进罐阀门，再开蒸汽扫线阀门。
3. 开排油浆阀门前确保扫线蒸汽全停。
4. 控制好排油浆温度。

198. 判断负压式加热炉炉膛负压的技巧

1. 操作时应穿戴好防护用品。如防护眼镜等，以保护自身安全。
2. 可以用纸片试探是否往里吸。如往内吸，炉膛负压好，如往外飘，炉膛正压，则人不可靠近。

199. 判断真空转鼓过滤机堆蜡的技巧

1. 滤机堆蜡会造成滤机液面失灵，进料罐起液面。
2. 过滤系统真空度变小。
3. 输蜡器和滤鼓电流变大。

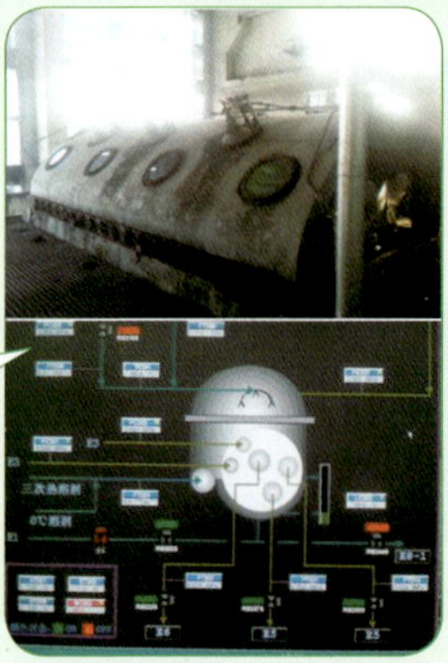

200. 判断输蜡器铰链中间断裂的技巧

1. 输蜡器铰链中间断裂会使滤机液面升高。
2. 真空度，密闭压力波动。
3. 蜡槽靠分配头一端堆蜡。
4. 输蜡器电流减小或马达空转。

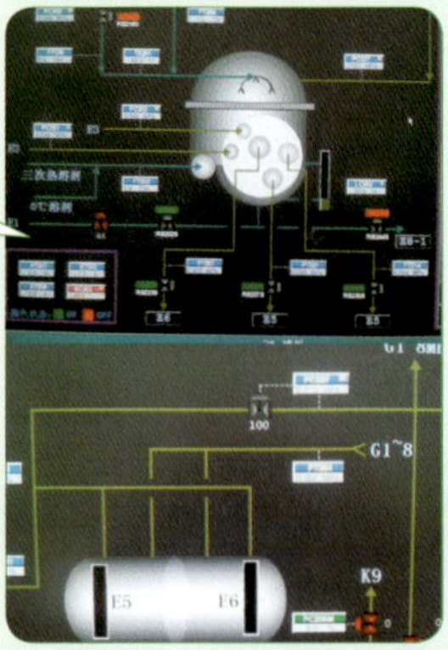

201. 判断蒸汽扫线畅通的小窍门

在扫线的裸露管件上滴水，若有沸腾状的汽化，则已畅通。严禁用手触摸。

202. 配氨安全操作要点

1. 操作时必须有监护人员。
2. 液氨瓶尾部略微抬高。

5. 配氨时，严格控制氨瓶出口阀开度，严禁氨罐剧烈震动。

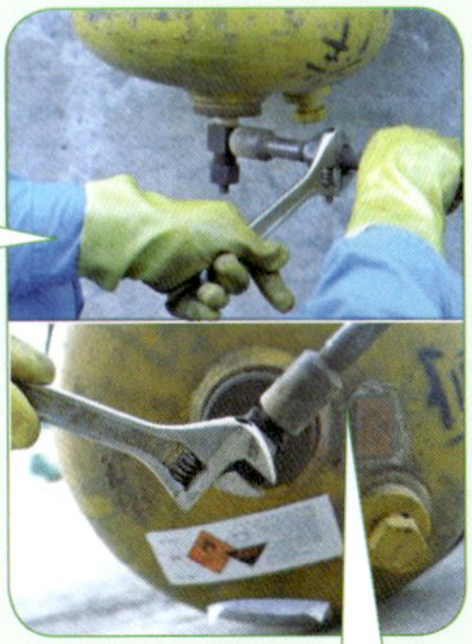

3. 配氨初期，氨液输送管开始降温、结霜，意味着加氨正常开始。
4. 氨罐进口“U”型管开始化霜，意味着配氨工作结束，立即关闭氨瓶出口。

203. 汽包水位计冲洗的注意要点

1. 操作人员必须站位于上风口，面向水位计侧面，避免被放空口放出的高温水汽烫伤。
2. 水位计放空阀放水时，不要开得过大，否则会造成汽、水流速过高，剧烈膨胀而使水位计爆裂。

3. 水位计的汽连管、水连管和玻璃板全部要冲洗，并确保冲洗干净、不留死角。

4. 在冲洗作业时，须注意每一步骤三通旋塞阀的位置。作业结束后应检查水位计液位是否指示正常。

204. 汽包液面计放空时的注意要点

1. 规范着装，侧身操作，注意脚和腿不得靠近放空口。

2. 脚不准踩在放空金属管上。

205. 汽化器启用注意事项

1. 缓慢打开汽化器蒸汽疏水器旁路，等汽出来再关闭旁路。

2. 缓慢打开物料进口阀门，让汽化器先预热。

3. 物料液位必须控制在指标范围内，防止冷缩造成封头漏。

206. 轻质油罐切水操作的注意要点

1. 站在上风口。
2. 慢开放水阀门，水切除干净后，关闭放水阀。

207. 热力除氧器破水封后的处理要点

1. 发现破水封后，不要直接加水，防止蒸汽喷溅伤人。
2. 联系内操关闭除氧头蒸汽控制阀，待除氧器水罐压力下降，再加水建水封。

3. 待水封建立后关闭加水阀，内操缓慢给汽至正常压力。

208. 热油泵预热的注意要点

1. 预热前建立封油，控制封油压力 > 泵入口压力0.05MPa。

2. 预热前检查机泵冷却介质和润滑油是否正常。

3. 进口全开（若是二道阀一样全开），出口全关（若是二道阀，上游阀全关，下游阀全开）。

4. 预热阀适当开启（有二道阀时，按预热流程上游阀全开，下游阀控制流量），防止机泵倒转和控制≯50℃/h的升温速度。

5. 每半小时按盘车标准盘车一次。

6. 预热初期要缓慢，防止运行泵抽空。
7. 预热温度到位后热校中心。

209. 容器脱水操作 32 字经

1. 看好风向，
看好路人，
保护自己，
注意环境。

2. 明确分工，
放好存盘，
谨慎开阀，
液面变化。

210. 溶剂空冷查漏的技巧

1. 夏季注意观察空冷集水槽及每组空冷排水情况，是否有溶剂味。
2. 冬季喷淋停用，观察管束底部是否有溶剂痕迹（油花）。

3. 在各空冷风机风筒侧向闻是否有溶剂味或暂时停用风机从上观察空冷内部是否有明显漏点。

211. 如何判断控制阀副线内漏

1. 管道内如果是低温轻烃类介质，副线阀内漏时，阀后管线表面有滴水或结霜。

2. 如果是高温介质，可以通过副线阀前后的温差来判断，无温差必定内漏。

212. 塔、容器蒸塔操作的注意事项

1. 蒸塔前必须关闭塔、容器相关连通阀门。
2. 塔底注汽,蒸塔时一定要注意高点排汽，低点排凝。
3. 给汽时应缓慢进行，注汽量过大会损坏塔盘和填料。

4. 轻质油塔、容器蒸塔前必须先进行水洗或氮气吹扫后再进行蒸塔。
5. 蒸塔时做好清洁生产环保工作。

213. 设备、管道用蒸汽扫线的注意要点

1. 扫线蒸汽要排凝。

2. 确认原料管线停用，管线压力小于蒸汽压力。

3. 缓慢开汽，无异常后逐渐开大蒸汽手阀。

4. 扫线结束后，关闭前后两道蒸汽手阀，打开中间放空。

214. 疏通放空阀的注意要点

1. 疏通前将放空阀所属流程的前后切断，降温撤压。
2. 严禁直接对有毒有害和高温高压介质的放空进行疏通。
3. 疏通时戴好防护用具。
4. 疏通前放空口用遮挡物挡住，并固定遮挡物。

5. 开阀时要缓慢，避免物料喷出时来不及关阀门。
6. 用L型铁丝疏通放空口时，必须侧身操作。

215. 疏通放空管线的注意要点

1. 必须停止运行的机泵，确认已无压力后方可进行操作。

2. 疏通过程中站位必须靠侧面，切勿头部贴近管线出口。
3. 清理杂物时应选用合适工具，在清理过程中应慢慢松开管线，慢慢进行疏通。

216. 疏通苯酚管道的方法

可用低压蒸汽对准堵塞处预热吹通。蒸汽管需用铅丝固定。

217. 水槽液位计失灵时的操作要点

液位计失灵期间调节罐液位宜低不宜高，应尽量避免调节罐满溢，必要时在确保安全的前提下上罐顶观察液位。

218. 催化烟气水封罐操作的注意要点

1. 封水封罐时，先建立小水封后建立大水封。
2. 控制好小水封补水流量，控制放空口滴状流为佳。
3. 建立大水封时，专人看管，放空见大流量的水后，立即关闭补水大阀，防止水满溢造成后续设备损坏。

4. 大水封建立期间，每4h补水一次。
5. 撤大水封时，专人看管，必须将水放尽，放空见烟气后立即关闭放空大阀。
6. 只要装置在运行期间，小水封必须处于正常建立状态。

219. 水冷器查漏操作的注意要点

1. 放尽存水后关闭阀门。
2. 戴好手套将取样瓶放在放空阀下，逐步开大阀门，防止样品溅出。

3. 取样后将样品静置，观察上方是否有油花，判断水冷器是否内漏。

220. 水冷器蒸汽吹扫试压的注意要点

1. 关闭进出口的水阀，打开放空放净剩水。
2. 吹扫试压前必须将吹扫蒸汽充分脱水，以防水击。

3. 吹扫试压时，另一程放空必须保持常开。
4. 为提高吹扫效果，可采用憋压的办法，憋压速度要慢。憋压、试压压力不得超过设计压力。

221. 往复式压缩机入口缓冲罐切液的注意要点

1. 联系内操注意级间温度和压力，有异常立即停止操作。

2. 先缓慢打开第一道手阀约2～3圈，再缓慢开第二道手阀，阀门开时要缓慢，开度不能过大，切液期间操作工不得离开现场。

3. 听声音和看液面。液体出去时声音不大，气体出去时声音会变大。
4. 切液时，当液位计无液位且听到气体流动声，及时关闭放空阀。

222. 瓦斯罐切液注意事项及技巧

1. 瓦斯罐切液是密闭切液，使用铜扳手开阀门。
2. 瓦斯罐液位计指示有液位就要切液。

3. 根据液体和气体在管道中流动的声音的不同，可以判断切液是否完成。

4. 通过瓦斯罐切液管线的温度变化，来判别出切出介质（水、油、瓦斯）的不同。

5. 在有切液视窗的管线上可以看到：透明（水）、浑浊（油水混合）、透明（油）、锈迹挂壁（罐底硫化铁）、透明（瓦斯）。

223. 瓦斯压控冲洗的注意要点

1. 冲洗前将瓦斯控制阀上游阀关闭。
2. 将瓦斯压控改副线注意压力不要波动太大。

3. 将冷水放尽冲洗，每隔半小时瓦斯罐切水一次。

4. 冲洗过程中控制阀全开和全关动作，冲洗到控制阀发烫为止。
5. 最后冲洗好将水放尽，控制阀投用正线。

224. 液化气少量泄漏判断方法

1. 液化气少量泄漏时除了有异味外，机泵端面或漏点附近会有凝水、拉霜或结冰现象。

2. 液化气少量泄漏时，物料管线会有拉霜或结冰现象。

225. 液力偶合器动力油冷油器反冲洗的注意要点

1. 联系内操，在条件许可的情况下适当降低该风机转速。
2. 任何情况下油冷器不中断冷却介质。

3. 操作中注意进出油温，如发生异常应检查冷却水阀门开关位置是否正确。

226. 装置引蒸汽的注意要点

1. 操作人员站在上风向，避免被蒸汽烫伤。
2. 蒸汽总阀要缓慢操作。

3. 疏水器处法兰脱开后要拉好警戒线，有人在旁监护。

4. 依次对蒸汽支路排污、排凝。

227. 油罐量油操作的注意要点

1. 上罐前触摸静电消除器。
2. 量油前先记住待量油罐的总高、安高一级大致液位。
3. 量油时确保油面处于静止状态。

4. 量油时人站在量油孔上风向。
5. 油尺紧贴量油孔量油槽，缓慢放入。

228. 真空吸 KOH 粉料的注意要点

1. 安全防护着装很重要。
2. 粉料袋重心前倾放在加料斗上。
3. 刀口切割要平滑，防止夹带杂物。

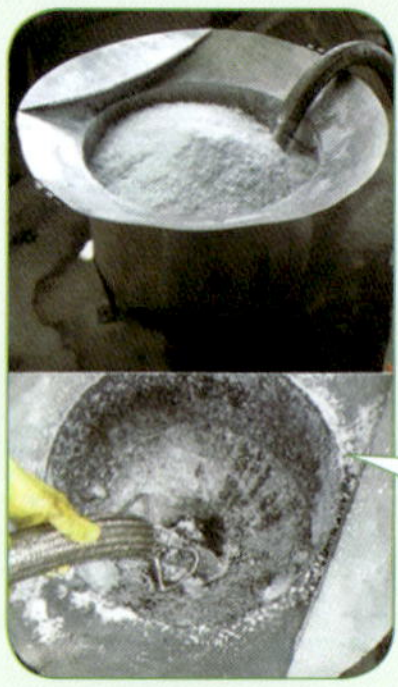

4. 当KOH吸至料斗底部时，KOH容易弹起，仔细操作。

229. 高压氮气减压充氮操作要点

1. 联系调度和相关装置。
2. 确认好外管网氮气压力大于本系统压力才可以打开充氮阀。

3. 操作时充氮阀稍开，调节幅度不宜过大，人员始终在现场。
4. 操作结束后把高压氮气充氮和进反应系统双道阀关闭，切记当中放空阀必须开，经常检查放空阀是否有气体漏出。

230. 加注聚醚 MMC 添加剂的注意要点

1. 将MMC添加剂和溶剂倒入料斗内充分混合。

2. 真空压力表指示为负压，真空调节阀必须关闭。

231．恶臭治理装置柴油内循环时的注意要点

1. 外装置进恶臭治理装置柴油温度一般均在100℃以上。为了保证恶臭气体不扩散到大气中，需在外装置柴油停供时，将柴油改走装置内循环。

2. 此时内循环柴油油温会逐渐降低，应立即将制冷机组关闭。进制冷机组油温过低会对制冷机组造成影响，严重时造成制冷机组损坏。

取样操作类

232. 常温普通液相工艺介质取样要点

1. 做好采样劳动防护措施，人站上风口，做好环保措施。
2. 取样时清洗取样瓶三次，放掉采样管中的不流动介质。

3. 取样时取样阀缓慢打开，防止物料喷溅。
4. 采样结束关闭采样阀，确认无泄漏。
5. 采样结束后，马上拧紧采样瓶盖。

233. 轻油罐取样注意事项

1. 进入轻油罐、液态烃罐区域先消除静电。
2. 注意扶梯上和油罐取样平台上是否有油污、踏板和平台是否完好。

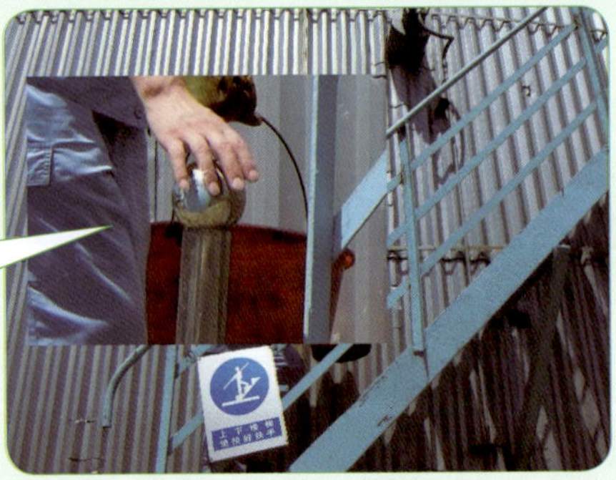

3. 人站在上风口取样时，避免吸入异味或溅到油污。

234. 轻质油品取样的注意要点

1. 取样时阀门不宜开得过大，防止油品溅出。

2. 取样后关闭双阀，防止轻质油品漏出。

235. 负压式加热炉烟气取样的注意要点

1. 确定炉膛负压正常。

2. 注意侧身。

3. 连接好取样皮管，对球胆进行充分置换后再取样。
4. 置换球胆气体时，球胆排放口应朝向外侧，勿朝向自己，人员站在上风向。

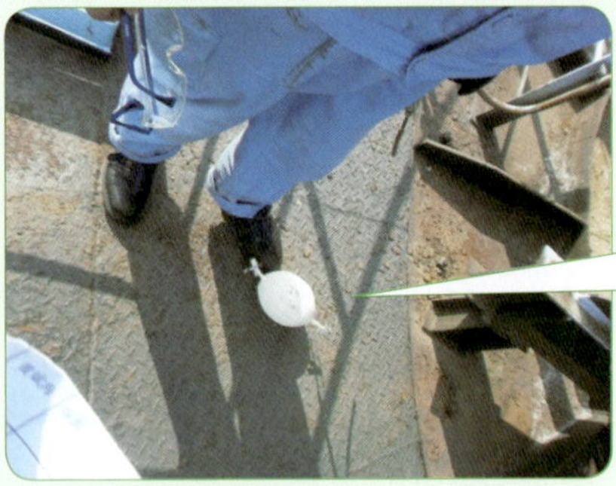

5. 取样结束后，放置几分钟查看球胆是否有泄漏。

236. 炉水取样操作的注意要点

1. 取样瓶及瓶盖必须清洗。
2. 取样时防止取样口与瓶口触碰。

3. 雨天取样时必须打好雨伞，防止雨水污染样品。

4. 取样口呈连续性流水状方可取样。

5. 取样口呈蒸汽喷射状不可取样。

237. 粉状物料取样的注意要点

1. 戴好手套、防尘口罩和防护眼镜。
2. 取样时人要站在上风向。
3. 取样前将取样器内残剂放净。

4. 取样器接新鲜剂后冷却1min。
5. 开启放料阀前，关闭反吹气体介质并撤压。
6. 取样阀慢慢开启，有剂流出即可。

238. 环线型密闭取样器的使用要点

1. 将密闭取样器开关旋至“循环”档，将静止介质置换成流动介质。
2. 置换时要注意密闭置换。

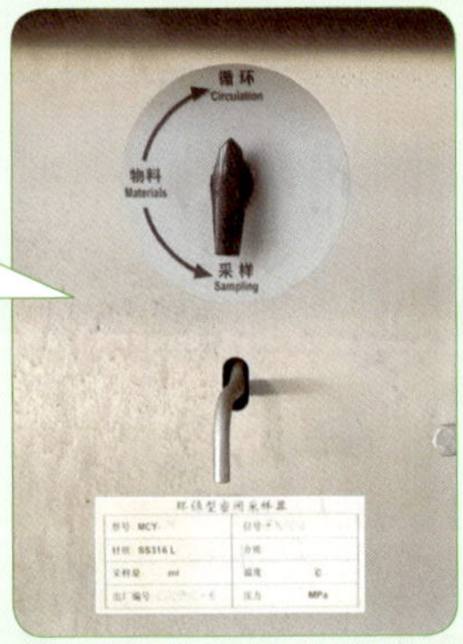

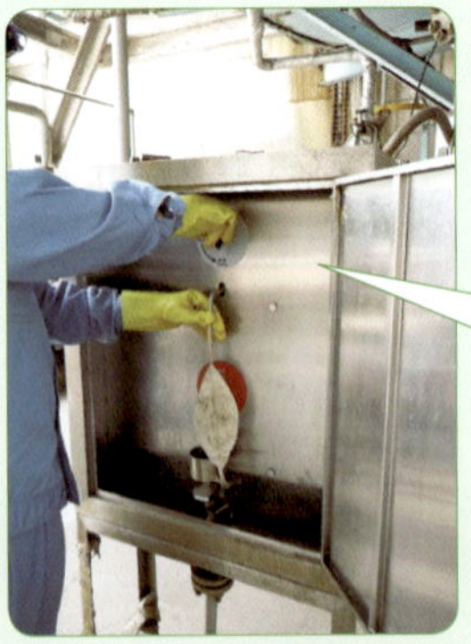

3. 开启阀门要慢、要小，防止球袋受压爆裂。

239. 含硫化氢非密闭液态烃取样的注意要点

1. 执行双人采样制度，采样者佩戴正压式呼吸器站在上风向。
2. 放尽采样器内不流动液态烃后采样，放气时间15s左右。
3. 取样时钢瓶不宜采太满，控制在2/3。
4. 有介质的采样钢瓶放置在通风阴凉处，避免高温温度，严禁带到室内。
5. 采样结束关闭采样阀，确认无泄漏。

240. 高温重油采样的注意要点

1. 取样时阀门不要开得过大。用蒸汽皮带缓慢加热，操作人员不能离开现场。当看见有物料流出时，应迅速关小阀门，再用取样杯进行取样。
2. 重油取样最好双人操作。一是可控制取样速度，二是可以专心操作蒸汽皮带。

241. 涉苯取样安全要点

1. 取样前检查苯报警仪是否完好，取样时戴在身上，并处开启状态，实时检测取样现场的苯浓度。

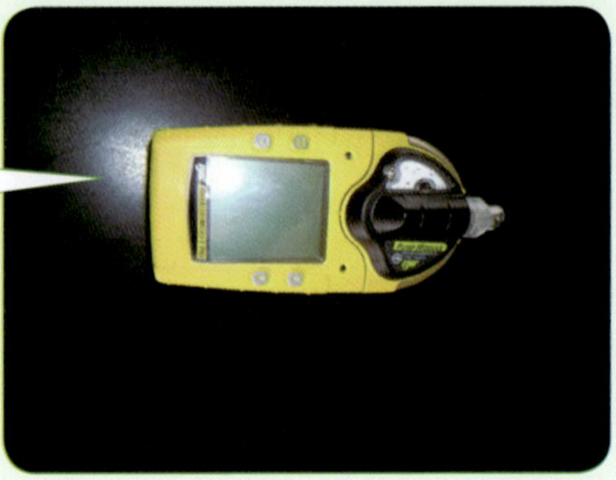

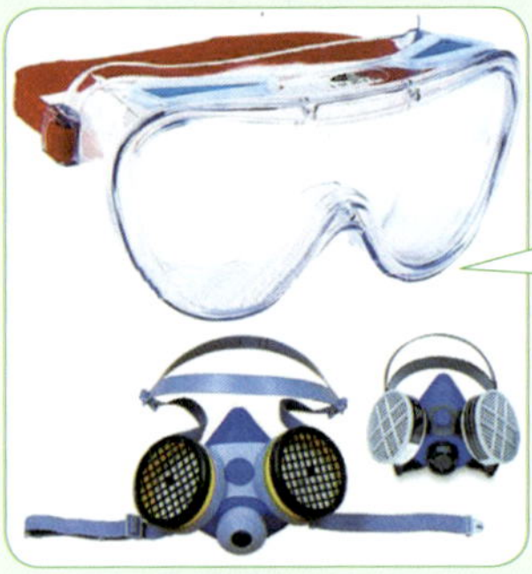

2. 戴好防毒面具（巴固半面罩），戴好防护眼镜防护手套。取样时注意站在上风口。

242. 酸性水取样操作要点

1. 佩戴正压式呼吸器，戴好劳防用品。
2. 双人取样。
3. 监护人站在上风处并佩戴好硫化氢报警仪。

4. 开启阀门时要缓慢，防止酸性水溅到身上。
5. 取样完毕后，要迅速拧紧采样瓶瓶盖，阀门要关死。

243. 连续重整装置催化剂取样的注意要点

1. 采样时按照顺序依次打开关闭阀门，球阀2和球阀4不可同时开启，防止泄出的高压气体伤及操作人员。

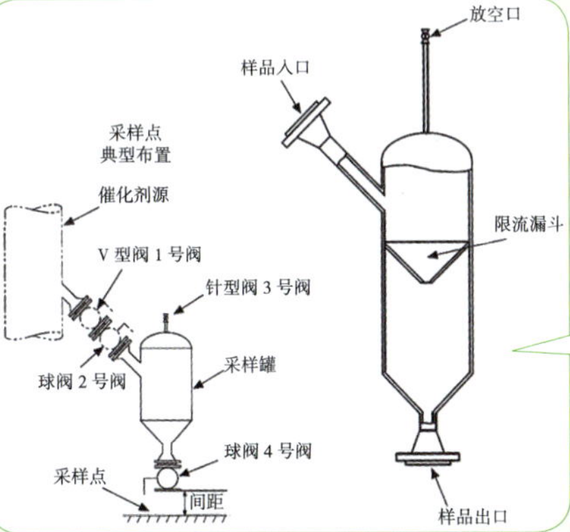

2. 为避免管线中滞留着以前的催化剂，需要置换两次后再采样。
3. 重整催化剂为贵金属催化剂，采样完毕，现场采样桶做好保护工作。

244. DCP 装置缩合液取样的注意要点

缩合液取样前先鼓泡一定时间（控制在10～15s），使物料较好的混合，从而使样品具有代表性。

245. 燃煤锅炉飞灰自动取样器的操作要点

1. 倒空储灰瓶内余灰。

2. 按一次“手动留灰”按钮，此时绿灯亮起、等待约3min，留一次样并自动装入集灰瓶中。

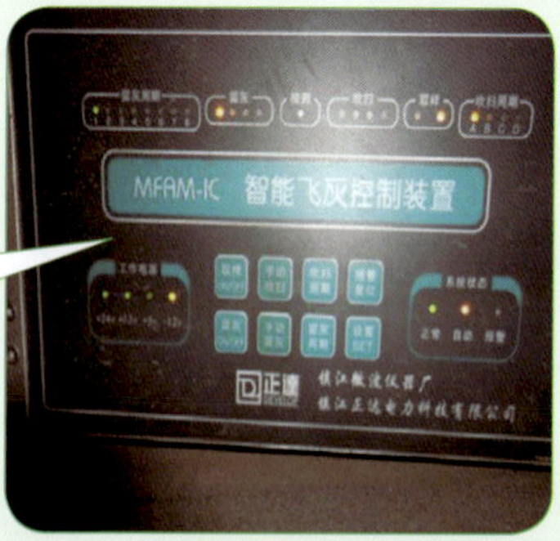

分析实验类

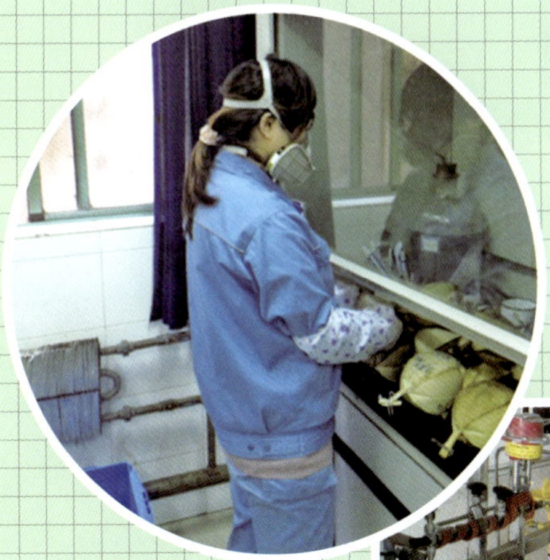

246. 硫氮分析仪的使用要点

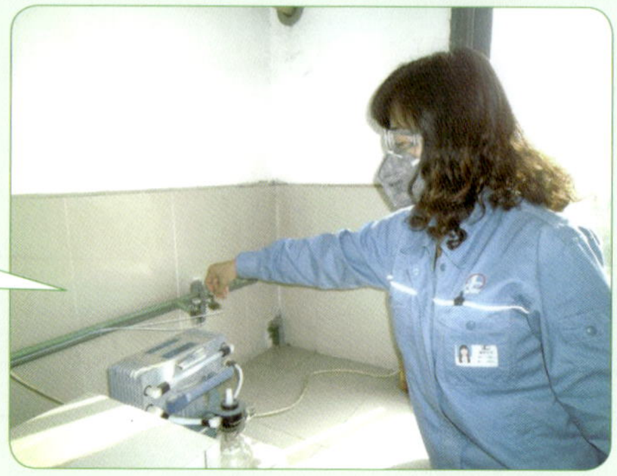

1. 使用前，开启氧气及氩气管道阀门，并用肥皂水进行捉漏，判断无泄漏后打开仪器总开关。

2. 仔细观察温度控制器显示的温度、氧气与氩气流量计显示的流量是否符合分析设定的要求。

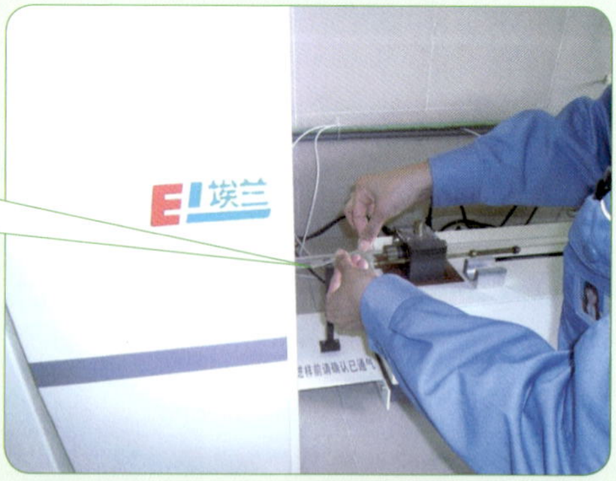

3. 用微量注射器进样时动作要慢，小心一点，不能碰到进样口（因进样口温度为850℃）防止烫伤。

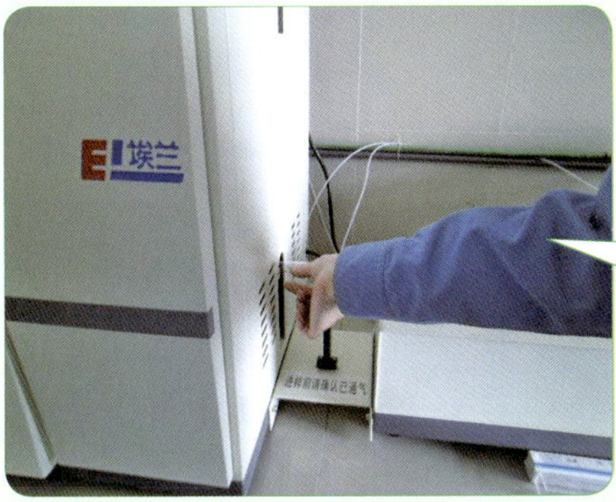

4. 禁止在仪器开启后温度已达到850℃时更换进样垫。应在开启仪器前检查进样垫是否需更换。

247. 火焰光度计的使用要点

1. 使用前，液化气及空气管线捉漏，判断无泄漏后打开液化气及空气管线阀门。空气压力固定在0.15MPa。

2. 根据火苗大小调节液化气总流量和仪器燃气流量调节阀，至火苗呈青蓝色为合适。

3. 使用过程中需确保毛细管无堵塞，若堵塞，用细铜丝疏通。

248. 酒精灯的使用要点

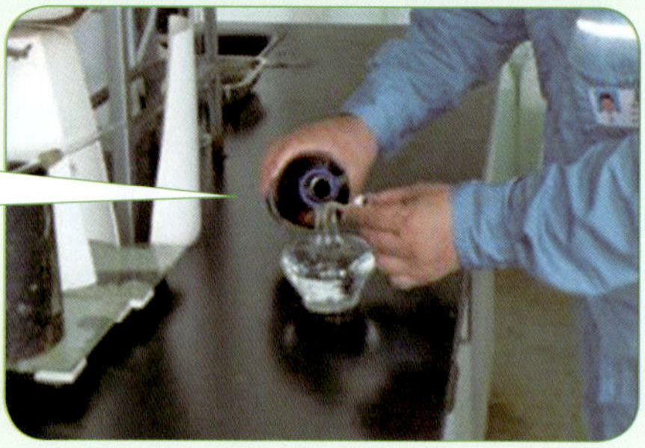

1. 禁止在火焰点燃时添加酒精。

2. 熄火时必须用灯帽罩。

249. 卡尔费休水分仪的使用要点

1. 使用过程中确保通风橱打开，并将玻璃门拉到人呼吸道以下操作。

2. 确保滴定杯内甲醇试剂未滴定过量，过量液体呈红棕色，需要抽掉重新注入甲醇。

3. 确保卡尔费休液、无水甲醇试剂瓶内试剂充足。

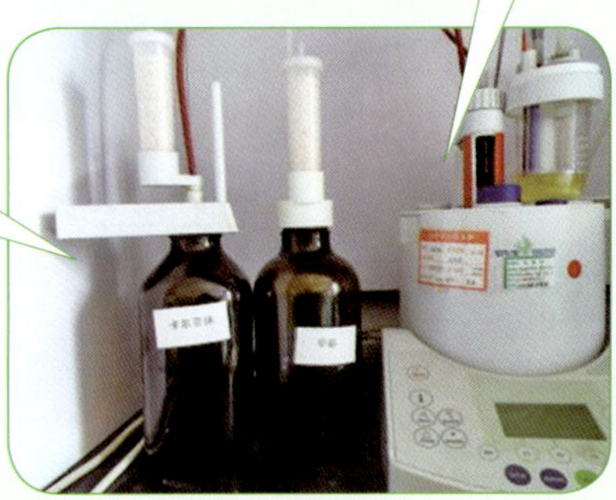

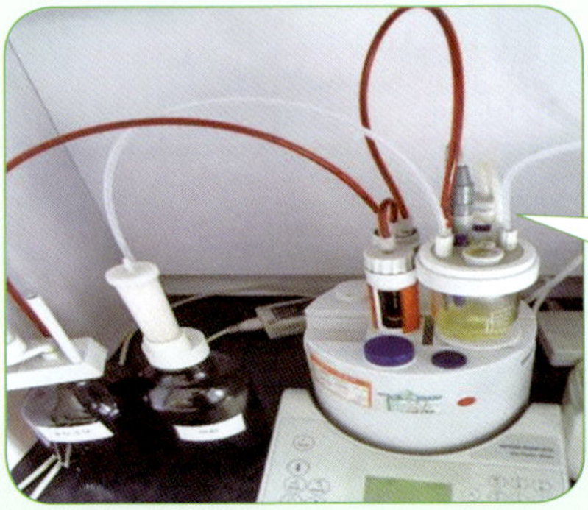

4. 确保红色馈液管内无气泡。若有气泡，重新注入卡尔费休液，至无气泡为止。

250. 炼胶机的使用要点

1. 扎紧袖口，禁止在操作炼胶机时带手套。

2. 要防止被蒸汽烫伤。

251. 取样器的使用要点

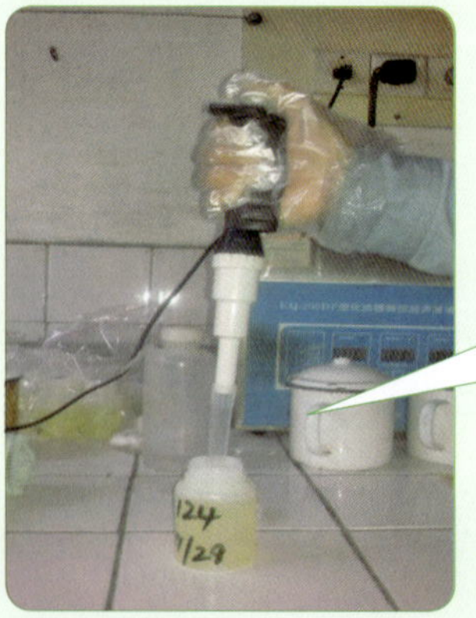

1. 安装移液管及取样过程中，取样器必需保持竖直向下状态。

2. 不按规范操作可能造成液体倒流至取样器中。

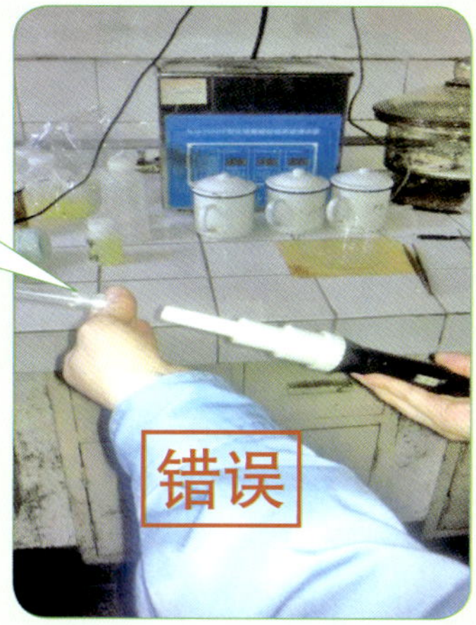

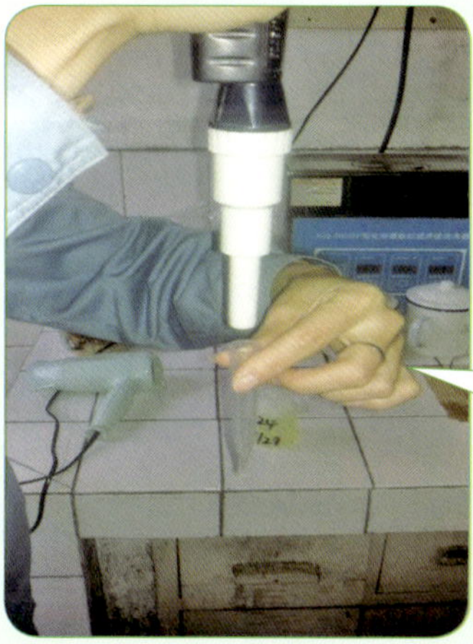

3. 取下移液管，取样器仍需保持竖直向下状态。

252. 双螺杆挤出机的使用要点

1. 打开通风开关。
2. 检查管道是否畅通，有无泄漏。

3. 检查水箱是否有足够的冷却水。

4. 检查排气口要戴上手套，防止烫伤。

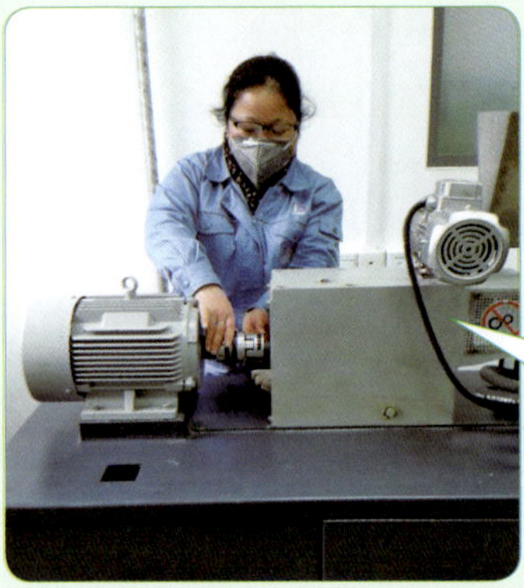

5. 温度达到设定温度后，用手（不戴手套）盘动联轴器，如果盘不动则不能强行开车，防止发生意外。

253. 通风设施的使用要点

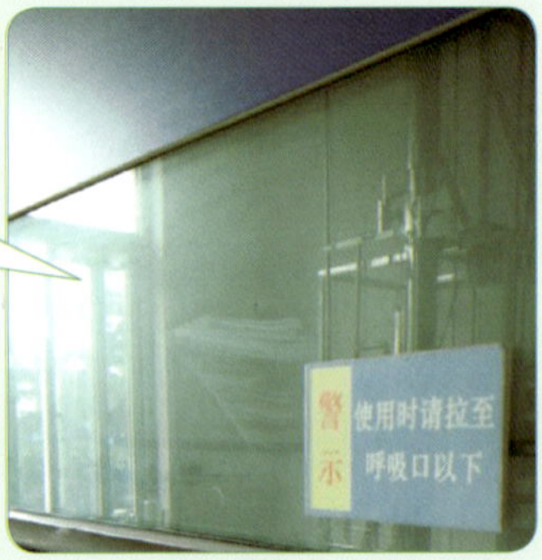

1. 有毒有害液体、气体必须在通风橱内操作。
2. 操作时通风橱门位于呼吸口之下。

254. 实验室 DCP 过氧化物取样要点

1. 缩合配比时必须以CHP氧化液过量，苄醇不能过量。
2. 随着反应的深入，CHP氧化液浓度越来越低，危险性就越来越高。

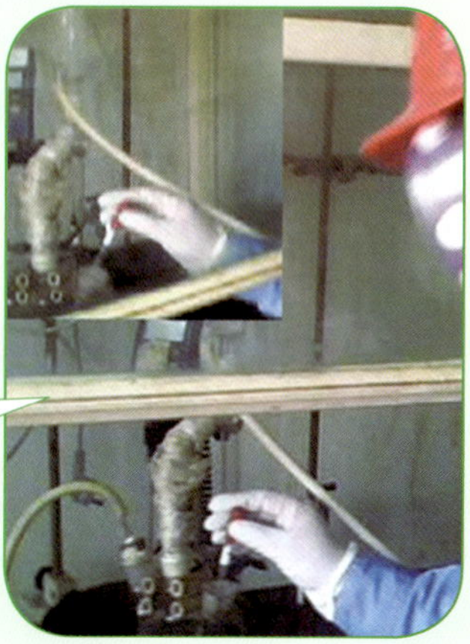

3. 取样时，防爆橱门必须拉下。
4. 身体以侧位取样，减小暴露面积。

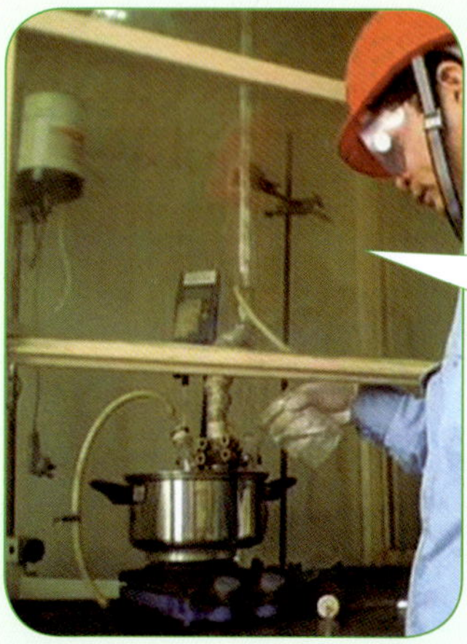

5. 反应到终点时，立即加水或加碱终止反应。

255. 实验室聚醚出料的安全要点

1. 出料时必须戴好防护眼镜与防毒面罩。

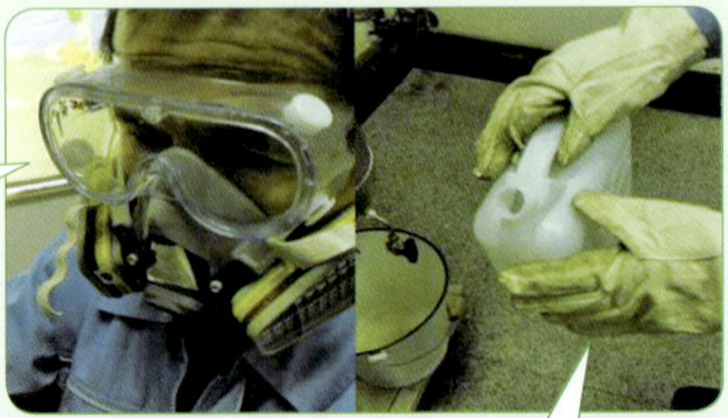

2. 出料时必须戴好帆布手套。

3. 出料时必须根据液体的黏度控制好温度。

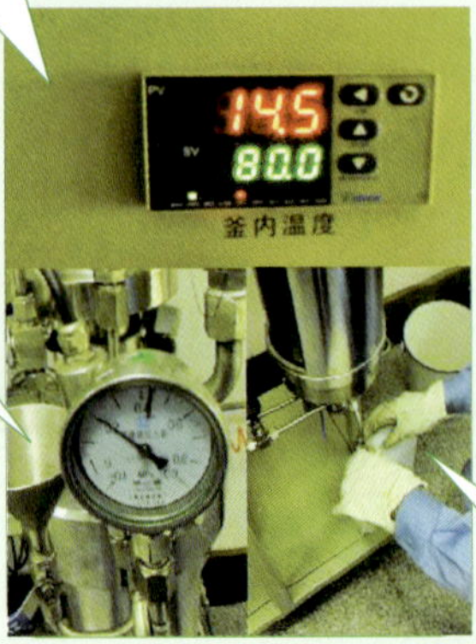

4. 出料时必须控制好反应釜内的压力。

5. 出料时必须控制好出料管的出口位置。

256. 气相色谱仪的使用要点

1. 开机前须检查气体管线有无泄漏。
2. 仪器运行时，操作人员不能接触进样口、检测器等高温部位，防止烫伤。

257. POP试验用混合料的配制要点

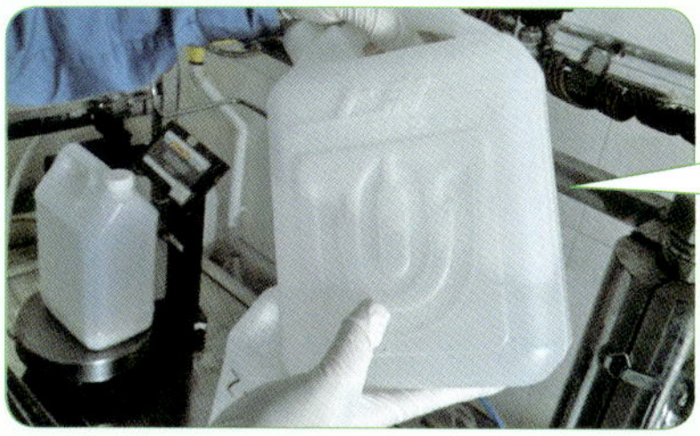

1. 开机前须检查气体管线有无泄漏。
2. 仪器运行时，操作人员不能接触进样口、检测器等高温部位，防止烫伤。

3. 配料时需要带好防护眼镜、防毒面具和手套。

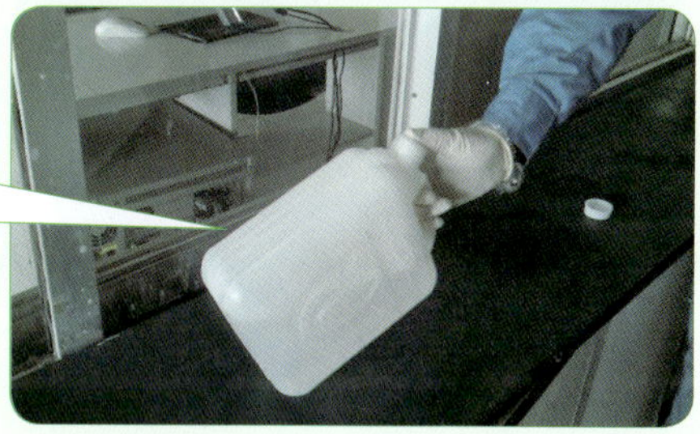

4. 将配料桶盖子盖紧，不要让桶内的混合料溅出。
5. 用力摇晃。如沾到混合料应立即用大量清水冲洗。

258. DCP熔点测定的注意要点

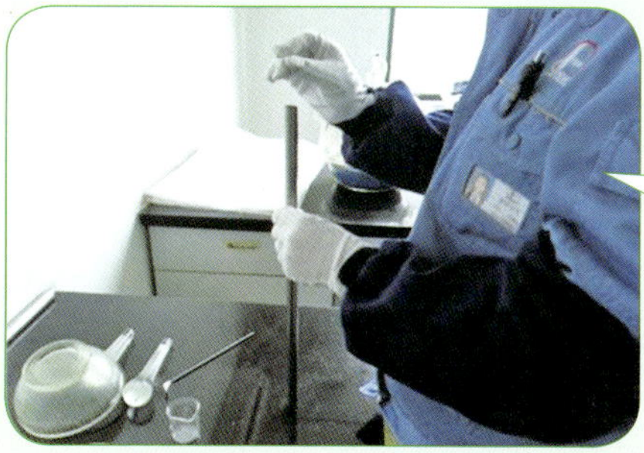

1. 测定前先将DCP在研钵中研碎，装入毛细管中，将毛细管在金属长管中利用重心扔坠30次，保证DCP于毛细管底部紧实排列。

2. 确保毛细管处于温度计水银部分中间位置，否则对测定结果影响较大。

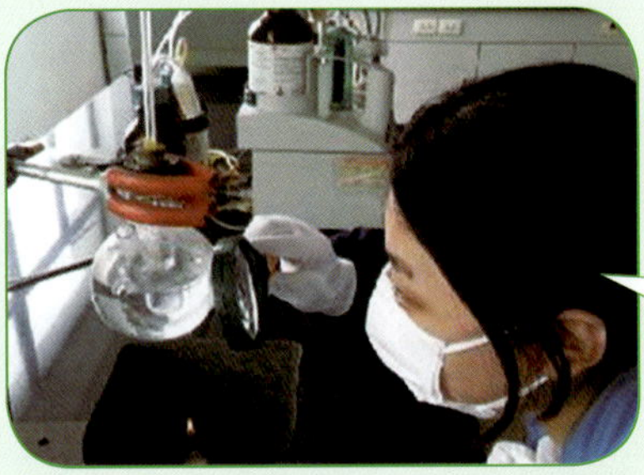

3. 使用酒精灯时，确保旁边一直有人看管。使用放大镜和台灯观察毛细管内样品状态，熔解时立即记录初熔温度。

259. 丁二烯橡胶硫化的注意要点

1. 打开阀门时注意压力表压力和周围是否有蒸汽泄漏。

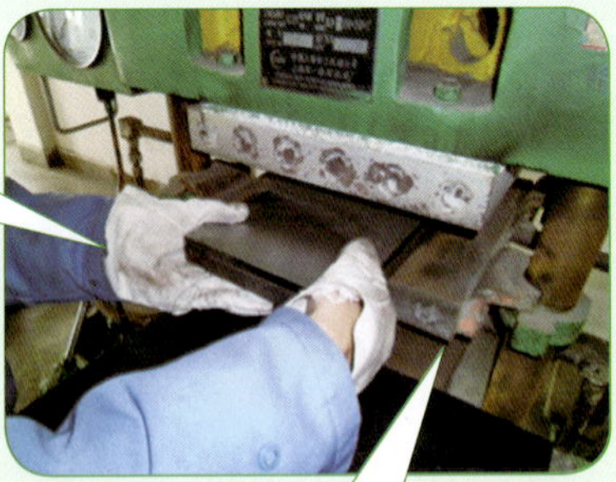

2. 检查手套的完好性。避免有破洞的手套。

3. 拿起模板的时候注意：模板略重，而且温度高达145℃。避免烫伤。

260. 苯酚结晶点测定的注意要点

1. 检查防护手套是否完好无损。
2. 做样品前必须穿戴好防护眼镜、口罩及防护手套。

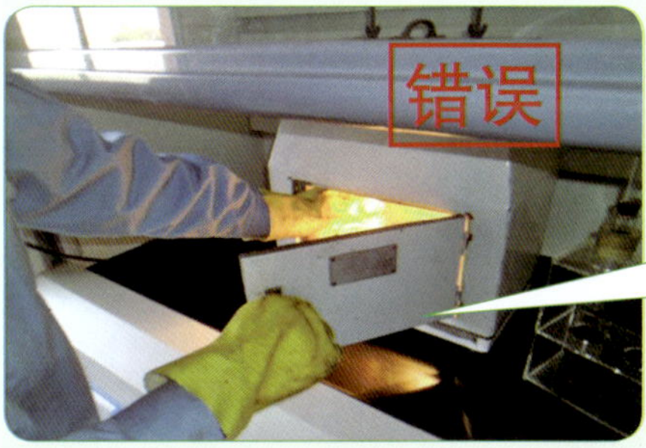

3. 不能在红外灯开启状态下取加热溶解后的苯酚样品，防止烫伤。

4. 在通风橱内小心将加热后的苯酚样品倒入结晶管中，以防灼伤。

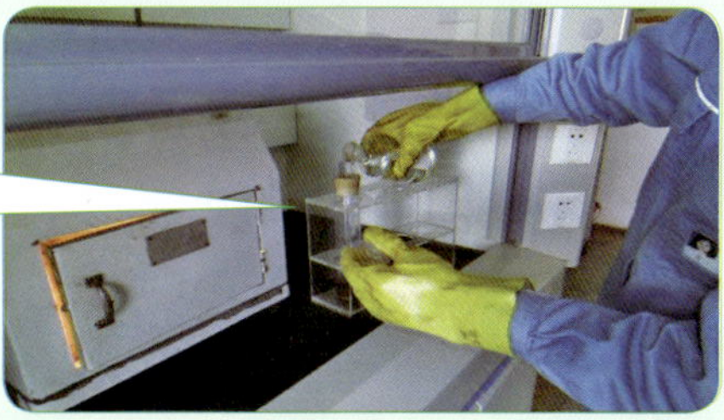

261. 苯酚硫酸透过率分析的注意要点

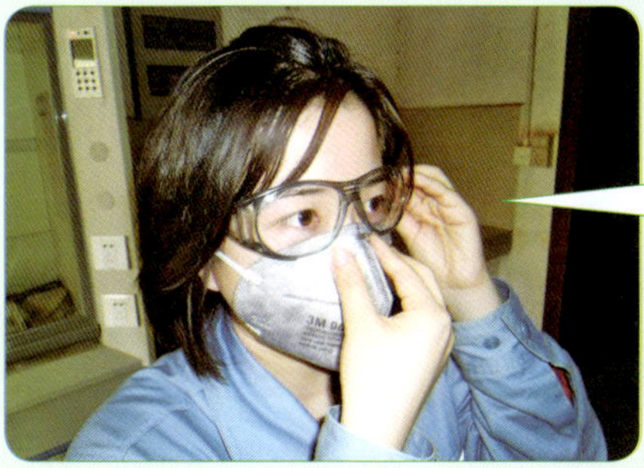

1. 苯酚具有较强的腐蚀性，浓硫酸是强氧化剂，也具有强腐蚀性，分析时应戴好防护面罩、防护眼镜及其他防护用品。

2. 分析样品的碘量瓶应先预热，防止冷的碘量瓶遇苯酚凝固，影响分析。

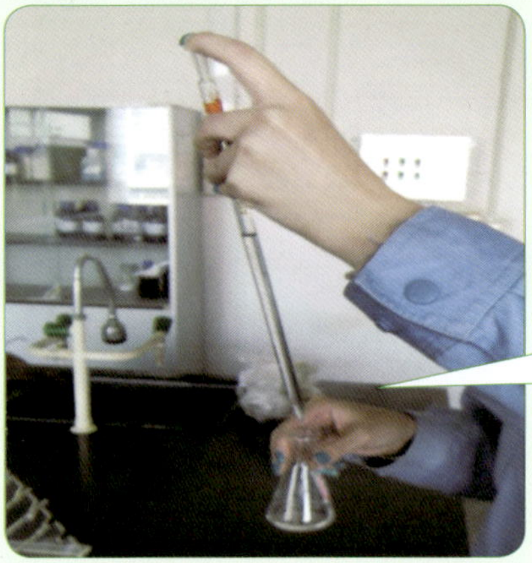

3. 将新鲜的硫酸滴加在熔融的苯酚中，而不能将苯酚加入硫酸中。

4. 加入硫酸时要缓慢保持2滴/s。过快会导致苯酚及硫酸混合液溅出。

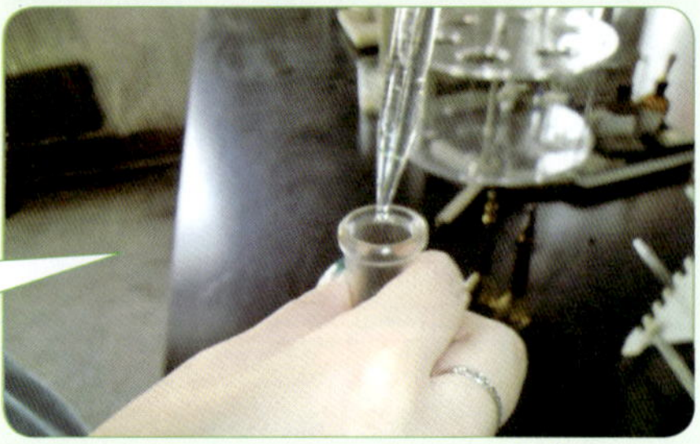

262. 含苯和硫化氢样品分析的注意事项

1. 分析和取样时，必须佩戴防护眼镜和相适应的口罩。

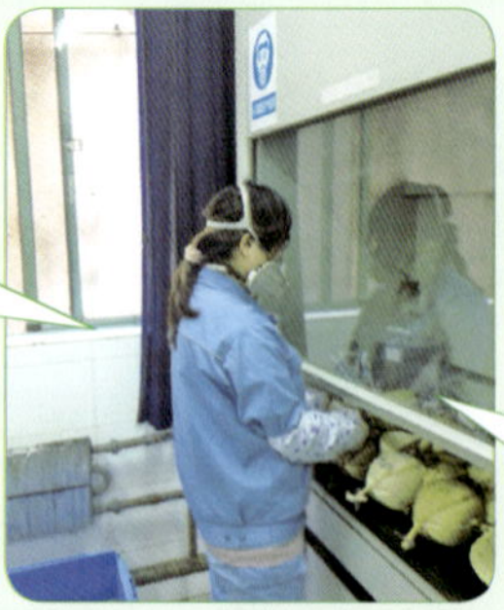

2. 取样时应佩戴眼镜和口罩进行防护。

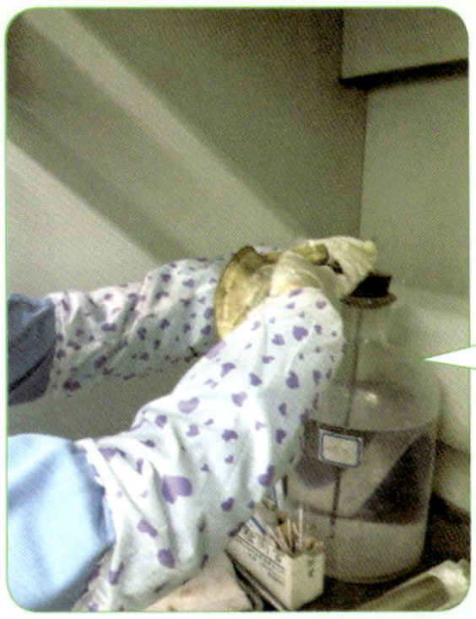

3. 放空含有硫化氢的气体样品时，必须经过碱液吸收。

263. 聚醚 10L 反应釜投料的注意要点

1. 必须佩戴防毒面具和防护眼镜。

2. 检查确认反应釜中是否有压力，投料前先泄压。

3. 检查确认反应釜底阀是否关闭。

4. 投料时开真空将料吸入，氮气置换后升温。

264. 聚醚合成实验过程中的安全要点

1. 投料时必须戴好防毒面具和防腐眼镜，加强自我保护。

2. 必须先观察反应釜或高位槽内是否有压力，先泄压，再开盖。

3. 氮气置换时需缓慢进行，防止氮气压力太高来不及控制，超出警戒线甚至冲破防爆片，造成安全事故。

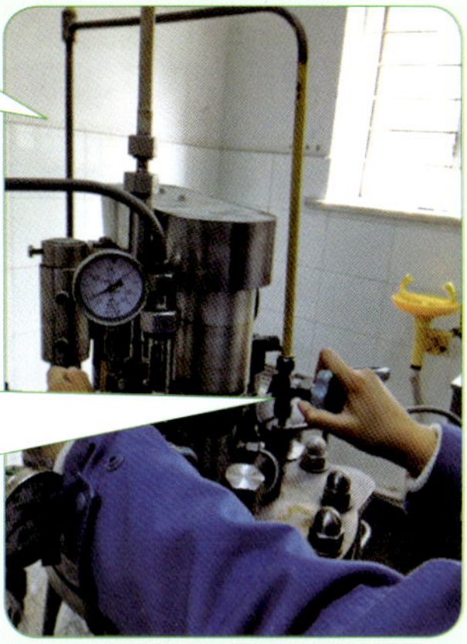

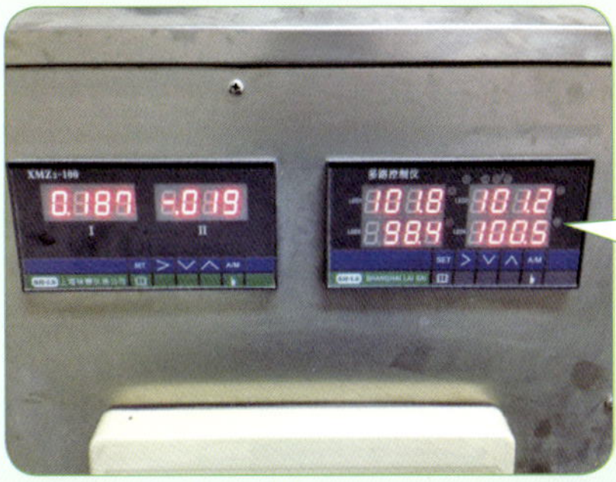

4. 反应过程中切忌低温加料，特别是EO的反应，防止爆聚而引发爆炸。

5. 出料的料温不能过高，以免被烫伤。

265. 石油产品减压馏程分析的注意要点

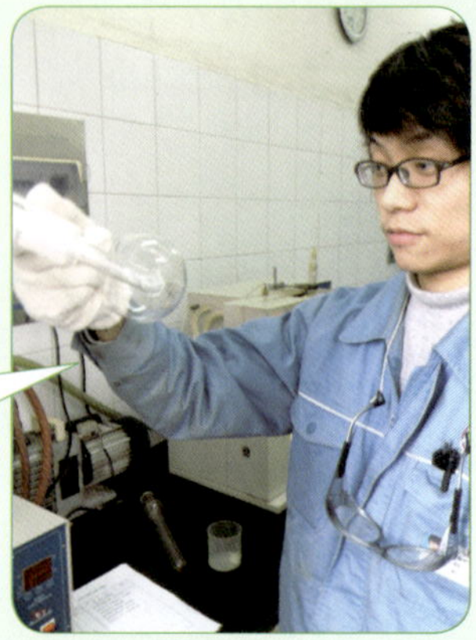

1. 实验前应先检查玻璃仪器是否完好，保证实验安全。

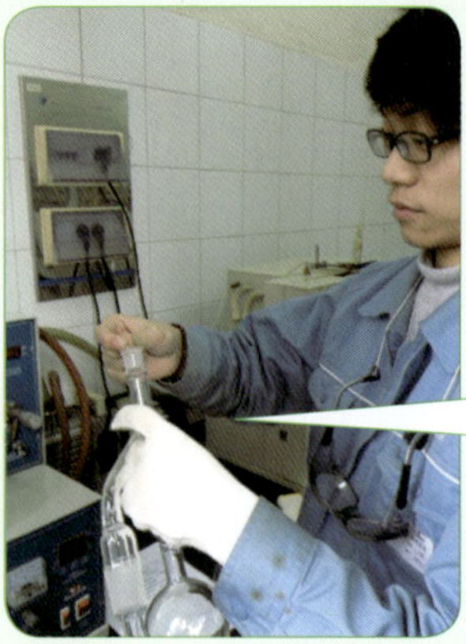

2. 在蒸馏烧瓶中应添加沸石，以防突沸。

3. 待烧瓶内温度降至100℃以下再放松减压阀，拆卸烧瓶。

266. 氧化液化学分析的注意要点

1. 必须佩戴防护面具和防护眼镜。

2. 分析操作时，碘量瓶中试剂加好后，将碘量瓶盖好盖子用水封封住，防治碘的挥发，将碘量瓶置于暗箱中。

3. 操作必须在通风橱内进行。

267. 原油和石油产品水含量分析的注意要点

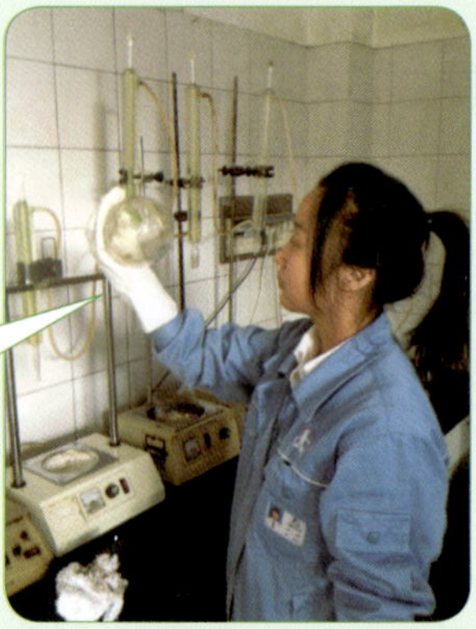

1. 实验前应先检查玻璃仪器是否完好。

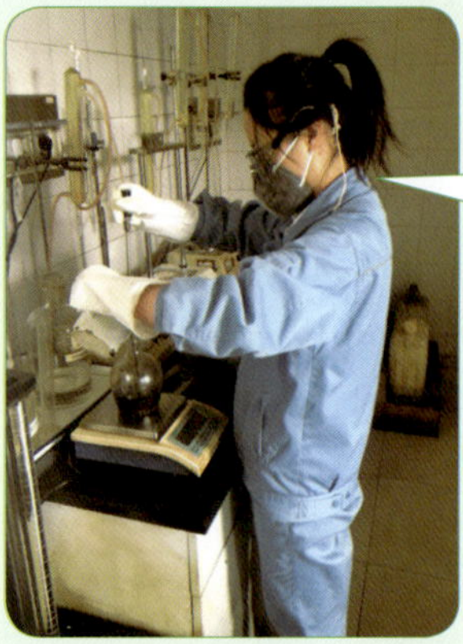

2. 取样时应佩戴眼镜和口罩。

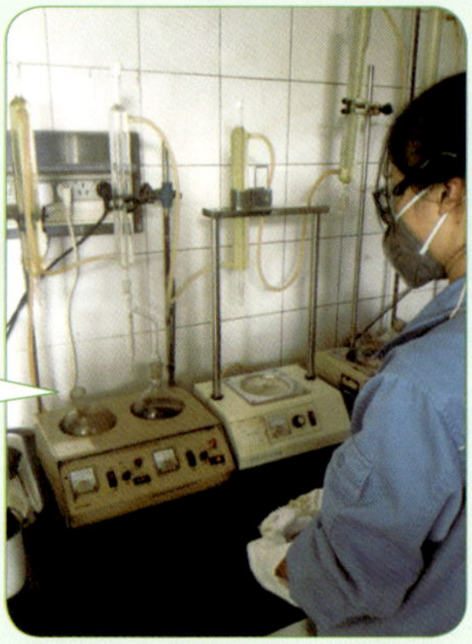

3. 严格控制加热速度，加热时人不可离开。

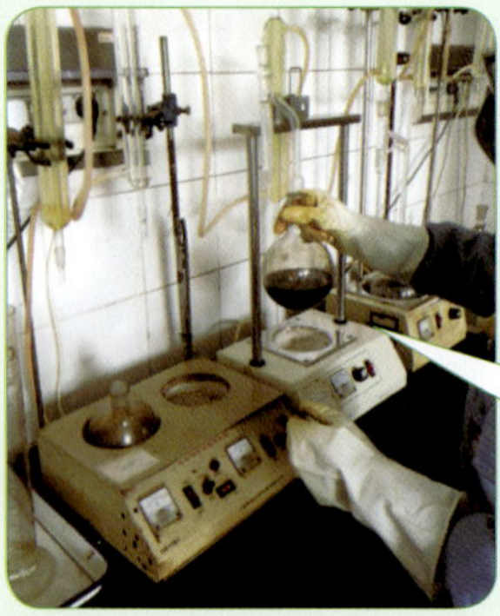

4. 实验完成后，要冷却至60℃以下才可拆卸。

268. 原子吸收分析的注意要点

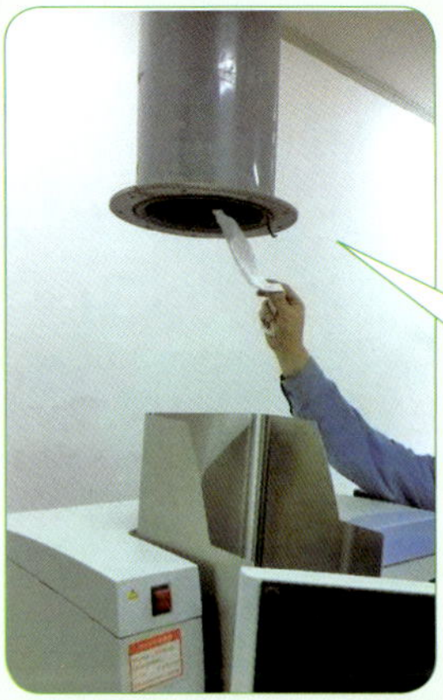

1. 每次分析之前，要检查乙炔管线是否漏气，排风设备是否通风良好。

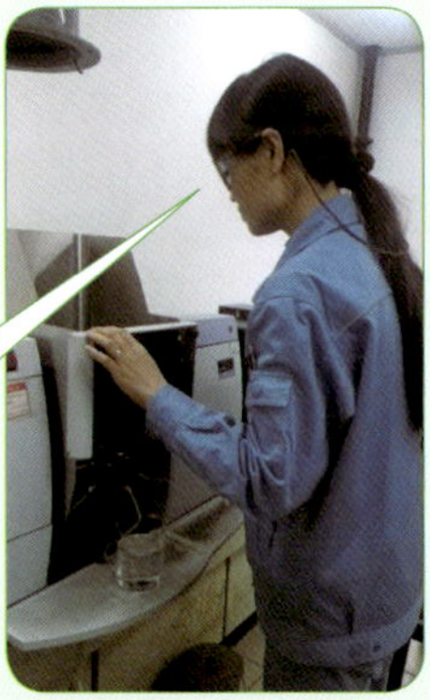

2. 佩戴好防护眼镜后，开启仪器。

3. 分析期间，严禁将高温防护门打开。

4. 分析完毕之后，及时关闭乙炔气气源。

269. 调油的注意要点

1. 油品调和时应注意加热温度，温度计不可以充作搅拌棒，以免温度计破裂。

2. 油品中可能含有微量水分，加热温度过高时容易引起爆沸，人员应注意避开。

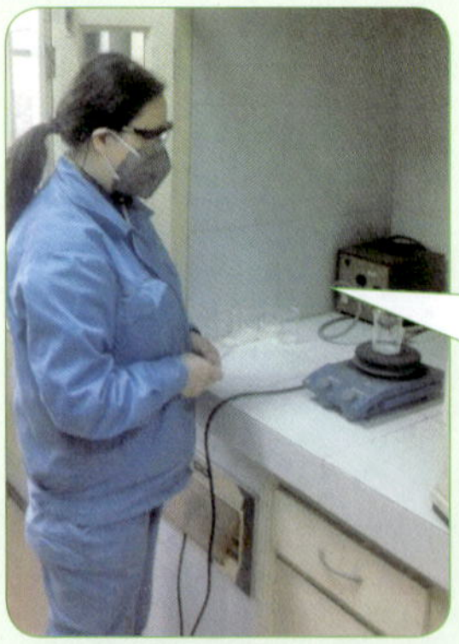

3. 固体油品加热时，温度不宜过高，以防止容器和油品局部过热。
4. 轻质油品加热时，应注意观察温度，加热温度不宜超过油品的闪点。